草原文化与企业家战略领导力

任延东 著

Strategic Leadership

中国社会科学出版社

图书在版编目（CIP）数据

草原文化与企业家战略领导力/任延东著.—北京：中国社会科学出版社，2019.1
ISBN 978-7-5161-9460-7

Ⅰ.①草… Ⅱ.①任… Ⅲ.①企业文化—研究—内蒙古 Ⅳ.①F279.272.6

中国版本图书馆 CIP 数据核字（2016）第 295042 号

出 版 人	赵剑英
责任编辑	侯苗苗
特约编辑	曹慎慎
责任校对	周晓东
责任印制	王　超

出　　版	中国社会科学出版社
社　　址	北京鼓楼西大街甲 158 号
邮　　编	100720
网　　址	http://www.csspw.cn
发 行 部	010-84083685
门 市 部	010-84029450
经　　销	新华书店及其他书店
印　　刷	北京明恒达印务有限公司
装　　订	廊坊市广阳区广增装订厂
版　　次	2019 年 1 月第 1 版
印　　次	2019 年 1 月第 1 次印刷
开　　本	710×1000　1/16
印　　张	11.75
插　　页	2
字　　数	159 千字
定　　价	46.00 元

凡购买中国社会科学出版社图书，如有质量问题请与本社营销中心联系调换
电话：010-84083683
版权所有　侵权必究

前　言

当今商业管理界公认的"竞争战略之父"迈克尔·波特所提出的"五力模型"和"三种竞争战略"的理论，成为许多企业制定战略，或者咨询公司提供策划的黄金工具。但战略是个不断摸索、迭代优化的过程。在一个行业规则剧烈波动的时期，尤其是在不确定性高的环境下，战略制定者并不能全知全能、理性决策，制定出清晰的或者传统意义上的战略。管理者角色学派的代表人物、最杰出的管理思想家亨利·明茨伯格便提出："我们不是在理论和实践之间进行选择，而是在不同的理论之间，选择一些最能激活实践的理论。"

但是，社会学科理论具有太多的假设、条件与因果关系以及太大的主观性，甚至会出现多个相悖理论解释同一现象的情况。其正确性、有效性及有效边界，很难精确地确定。其研究对象的复杂性、模糊性、动态性，导致社会科学比自然科学更具有高度不确定性。

在全球经济环境一体化的大趋势下，越来越多的民族文化被纳入一个利益共享、挑战共对、发展共求的系统。立足于中华文明的三大源头之一，且在历史上有过成功实践经验的草原文化，在草原地区特定的历史、地理环境和独特的社会环境中，所展示出独具魅力的、极具个性特质的区域性生态文化，在复杂多变的内外环境中，草原企业生存、发展并取得持续竞争优势的关键因素，在于具有独特胆识和战略的草原企业家，以及他们在经济规模、生态环境和企业社会责任等一系列可持续发展理论指导下的战略实践。本书就是把草原文化中所体现出来的战略管理思想及领导力方法等作为研究对象，集中形成民族的、区域的、生态的企业战略管理理论。

　　草原文化的核心价值观决定着草原企业家的战略愿景。把握草原战略领导力与草原商业伦理、草原生态的动态平衡度，提升草原企业家跨越式发展的战略领导能力。本书把草原文化价值观念中和谐生态及"逐水草而居"的基本战略内涵，纳入草原企业战略管理过程。运用战略管理理论和文化管理理论，研究草原企业家领导力特性中的基本战略因子，提出草原企业家战略领导力概念，构建草原文化影响下的企业家战略领导力作用机理模型。草原企业家领导力所有要素之间的整体性及动态性的阴阳平衡，暗示企业之间战略性合作的可能性和必要性，在这种情境下，把波特的"五力模型"转变成草原企业家领导力六种合作关系，来作为国内战略管理理论体系的一个基础性支撑。

目　　录

第一章　绪论 ………………………………………………………… 1

　第一节　研究背景 ………………………………………………… 1
　第二节　研究目的及意义 ………………………………………… 3
　　一　研究目的 …………………………………………………… 3
　　二　选题意义 …………………………………………………… 5
　第三节　研究方法和研究思路 …………………………………… 9
　　一　研究方法 …………………………………………………… 9
　　二　研究思路 ………………………………………………… 10
　第四节　研究结构 ……………………………………………… 12
　第五节　本书创新点 …………………………………………… 13
　第六节　相关概念界定 ………………………………………… 15
　　一　草原族群 ………………………………………………… 15
　　二　草原企业家 ……………………………………………… 16
　　三　草原文化 ………………………………………………… 17

第二章　相关理论综述 …………………………………………… 19

　第一节　管理文化 ……………………………………………… 19
　　一　国外管理文化理论 ……………………………………… 21
　　二　国内管理文化理论 ……………………………………… 23
　第二节　草原文化与草原管理文化内涵理论 ………………… 25
　　一　草原管理文化概述 ……………………………………… 26

二　全球战略的思考者 ………………………………… 29
　　三　资源战略的选择者 ………………………………… 30
　　四　情报战略的规划者 ………………………………… 31
　　五　迂回战略的行动者 ………………………………… 31
　　六　闪电战略的创新者 ………………………………… 32
第三节　企业家与战略领导力 ……………………………… 34
　　一　企业家 ……………………………………………… 34
　　二　企业家领导力 ……………………………………… 36
　　三　企业家战略领导力 ………………………………… 38
　　四　国内战略领导力理论 ……………………………… 41

第三章　草原文化环境下的草原企业家渊源 ……………… 44

第一节　草原经营文化的萌芽 ……………………………… 44
第二节　古代草原商人概述 ………………………………… 46
　　一　红顶商人乌氏倮 …………………………………… 46
　　二　丝绸之路的草原商人 ……………………………… 49
　　三　来自晋商的旅蒙商 ………………………………… 53
　　四　古代草原商人的战略行为 ………………………… 56
第三节　"新蒙商"——现代草原企业家 ………………… 57
　　一　"新蒙商"的背景 ………………………………… 58
　　二　背景分析 …………………………………………… 60

第四章　草原企业家战略领导力的界定及构成 …………… 63

第一节　草原企业家战略领导力概念的界定 ……………… 63
　　一　草原企业家战略领导力概念 ……………………… 63
　　二　与中原企业家领导力的差异性 …………………… 64
　　三　草原企业家战略领导力概念链 …………………… 65
第二节　草原企业家战略领导力要素提取 ………………… 67
　　一　要素关系 …………………………………………… 67

  二　要素架构 …………………………………………………… 69
  三　草原企业家战略领导力内涵 ………………………………… 70
 第三节　草原战略领导力识别体系 ………………………………… 72
  一　战略领导力与企业精神要素 ………………………………… 74
  二　战略领导力与企业行为要素 ………………………………… 77
  三　战略领导力与企业环境要素 ………………………………… 78
 第四节　研究草原企业家战略领导力结构 ………………………… 80
  一　草原企业家战略领导力结构 ………………………………… 81
  二　结构解析 …………………………………………………… 81
  三　行为样本的描述性统计分析 ………………………………… 83
  四　草原企业家的五项战略使命 ………………………………… 87

第五章　草原文化影响下的企业家战略领导力模型构建 …………………………………………………… 90

 第一节　草原文化环境下的企业家战略领导力特征 ……………… 90
  一　一般性特征 ………………………………………………… 91
  二　源于草原文化的企业家战略思维习惯 ……………………… 98
  三　在草原文化中形成的企业家战略行为特征 ……………… 105
 第二节　草原文化影响草原企业家思维和行为的战略假定 …………………………………………………… 110
  一　整体 ………………………………………………………… 111
  二　信义 ………………………………………………………… 112
  三　变革 ………………………………………………………… 114
 第三节　模型构建 ………………………………………………… 115

第六章　草原文化对草原企业家战略领导力的作用机理 …………………………………………………… 117

 第一节　草原文化对草原企业家战略领导力的影响 ……… 117
  一　理论分析与假设 …………………………………………… 117

  二 检验假设 ……………………………………………… 119
 第二节 多案例比较研究 ………………………………………… 126
  一 研究设计与样本选择 ………………………………… 126
  二 主要资料 ……………………………………………… 129
  三 资料分析 ……………………………………………… 130

第七章 创新草原企业家战略领导力 ……………………………… 135

 第一节 注重草原企业家战略领导力的动态提升 …………… 136
  一 草原企业家要形成动态竞争的互动模式 …………… 137
  二 草原企业家要规划动态竞争的企业战略 …………… 140
  三 草原企业家要选择绿色生态的企业规则 …………… 141
  四 草原企业家要具有动态资源管理的能力 …………… 143
  五 草原企业家要采用动态分析的思维方法 …………… 146
 第二节 注重草原企业家战略领导力的区域拓展 …………… 148
  一 引导草原企业家战略领导力跨区域渗透 …………… 149
  二 重视草原企业家战略团队的区域扩张 ……………… 151
 第三节 注重草原企业家战略领导力与草原商业
     文明的结合 ……………………………………… 154
  一 草原商业文明的企业家路径 ………………………… 156
  二 构建与践行草原商业文明 …………………………… 159

参考文献 ……………………………………………………………… 168

后记 …………………………………………………………………… 180

第一章 绪论

第一节 研究背景

管理离不开文化,德鲁克认为,企业家居于企业管理的核心,所以,文化对企业家的影响更大。"纵观改革开放三十年的企业转型过程,现有的国有企业基本上是在垄断的条件下壮大的,而民营企业多数是在机会主义的条件下发展起来的。从企业家的角度观察,这些企业又都是凭借企业家的胆略和敏锐抓住过程中的某一个机遇、某种产品、某种项目或某一项稀有资源,从而迅速把企业做大做强。但这种依靠单一方式的成功,并不能真正说明这就是企业的成功,甚至可以这样讲,这些企业的领导人大多在尚未对本企业进行文化和战略思考的情况下,幸运地发展到今天。"[1]

经济体系与社会文化背景向来存在密切的联系,有时,文化甚至会左右经济体系的走向与效果。

从 2000 年开始,我国草原区域之一的内蒙古自治区,其经济年均增长率达到 17.65%,快于全国平均水平 7.4 个百分点。到 2010 年的 10 年间,GDP 总量由 1999 年的 1379.3 亿元增加到 1 万亿元。[2] 这在我国改革开放 30 多年以来的省级经济发展史上,是没有

---

[1] 彭剑锋:《企业文化与中国企业面临的十大问题》,《中外企业文化》2005 年第 9 期。
[2] 资料来源:内蒙古统计局、西部三农发展网(www.fznnn.com)。

过的。它在国内一些专家学者和媒体研究视角中，甚至被称为"内蒙古模式"。其实，早在1987年，邓小平同志就曾指出："内蒙古自治区，那里有广大的草原，人口又不多，今后发展起来很可能走进前列。"[①] 1999年，江泽民同志提出：加快把资源优势转化为经济优势，力争使内蒙古成为我国下一个世纪经济增长的重要支点。在2005年的中央民族工作会议上，胡锦涛同志强调提出，今后一段时间的重点工作是加快少数民族和民族地区经济社会的发展，要贯彻"五个统筹"的要求，坚持因地制宜，从本地实际出发，走出一条具有本地特色的加快发展的新路子，努力实现生产发展、生活富裕、生态良好。这也成为内蒙古地区发展经济社会、草原文化和保护生态的指导性原则。如今，具有远见卓识的三代领导人的预言已成为现实。

正式发布的2010年西部蓝皮书《中国西部经济发展报告》[②] 对内蒙古模式进行分析认为，作为西部资源性省区，内蒙古经济高速增长的基础是自然资源禀赋比较优势，其中，在内蒙古经济的崛起中，草原文化的影响功不可没。草原文化是一种适应草原自然条件和社会条件而产生的一种文化，有一首古老的蒙古族长调《走马》：骑上轻快的红走马，须把缰绳拉紧些。要去的地方在天边边，不要泄气耐性些。走马与赛马的区别在于：赛马讲究的是爆发力与速度；走马要求的是耐力、稳健和持续性，这首内蒙古民歌暗喻了草原经济持续发展的战略要求。

当前，在中国面临的企业竞争环境下，最基本问题就是企业持续性发展的问题。草原传统文化的历史和现实价值，丰富了中国及世界文化多样性，为我国企业的管理实践活动，提供了强大的思想资源，也使企业战略管理学在国内具有更广阔的视野和更深厚的根基。无独有偶，内蒙古自治区也明确提出，不再追求GDP增速全国第一，为加快转变经济发展方式、调整优化经济结构留出空间。2011

[①] 《邓小平文选》第3卷，人民出版社1993年版，第246页。
[②] 西北大学中国西部经济发展研究中心主编：《中国西部经济发展报告》，社会科学文献出版社2010年版。

年，中国社会科学院发布了首部《中国省域环境竞争力发展报告》（2005—2009）和第五部《中国省域经济竞争力发展报告》（2009—2010）。报告中对省域环境竞争力和省域经济竞争力的评价结果显示，内蒙古自治区综合竞争力排在第 10 位，上升幅度最大，在西部地区是一枝独秀。内蒙古经济增长由赛马向走马的回归，在资源环境约束趋紧的今天，让我们耳目一新。但赛马向走马的关键，又在于掌控马儿的骑士即企业家的心理因素、态度与行为的调整。

法国学者克洛德·阿莱格尔[①]说，人类自从出现在非洲森林旁，就为了生存，与大自然搏斗。人类从大自然中盗取了火、挖走了金属，改造了它的土壤、污染了它的空气！如今，人类必须明白：开采的时代已经结束，管理与保护的时代已经来到；对抗的时代已经过去，和睦的年代必须到来。2013 年 9 月 7 日，新一代领导人习近平同志在哈萨克斯坦纳扎尔巴耶夫大学发表重要演讲，首次提出了古丝绸之路途经的国家，要共同谱写丝绸之路的新篇章，共同创造美好幸福未来，共同建设"丝绸之路经济带"的战略倡议。其思想内涵就是继承古丝绸之路开放传统，秉持开放包容精神，倡导道义为先、义利并举的理念，建设跨区域的利益和命运共同体。

第二节　研究目的及意义

一　研究目的

"管理，产生于共同的劳动活动中。历史表明，最有希望、最有创造性的管理理论，往往出现于经济迅速起飞的国家和地区。目前，东方理论正面临着这样一个前所未有的机遇。"[②] 内蒙古经济增速保持八年冠军之后，2010 年，四川省跨入中国万亿 GDP 省份行

[①] ［法］克洛德·阿莱格尔：《城市生态乡村生态》，商务印书馆 2003 年版，第 163 页。

[②] 何帆：《发展的中国经济有利于世界繁荣》，《求是》2003 年第 6 期。

列。内蒙古经济的持续发展在一定程度上反映出，草原传统文化本质是适应全球化市场竞争的。草原企业要想在复杂多变的内外环境中生存、发展并取得持续的竞争优势，离不开具有独特胆识和战略的企业家。

当今市场的全球化竞争已发展到战略框架对战略框架的竞争、战略思想对战略思想的竞争，即使是20世纪50年代作为管理技术的战略计划，如今也被赋予了思想内涵。如经济学家郎咸平所提到的企业竞争的金字塔模型概念：最底部是产品的外观，中间的一层是功能，最顶端的是思想。所谓思想创新，就是在金字塔的最高点，利用思想的差异化，打造出行业本质。面对复杂的竞争环境，没有思想内涵的战略计划根本无法支撑企业的长期发展。恩格斯[①]曾指出：政治、法律、哲学、宗教、文学、艺术等的发展是以经济发展为基础的，但是，它们又都相互影响并反作用于经济基础。并不是只有经济状况才是原因，才是积极的，而其他一切都不过是消极的结果。这是归根结底在不断为自己开辟道路的经济必然性的基础上的相互作用。

中国企业战略管理的问题，不仅仅是经济领域的问题，更是管理文化的问题。西部地区经济增长的十年间，企业的组织结构发生了明显的变化，具有绝对资源优势的资源型产业在未来发展战略中，所占的比重可能更高。所以，当我们再讨论地域文化特点明显的西部企业的战略问题时，如果简单地按照西方现代管理理论来分析，而对西部企业所在地的文化视而不见，那么我们所研究或做出的企业战略的结论一定会有偏差，如果由此来指导我们的企业进行战略管理，也一定会有相当的困难。

在这样的宏观背景下，本书将围绕战略领导力的内涵，分析企业家们将他们所具备的战略领导力传递和转化为企业实际行为的能力，进而带动和帮助企业和区域间的"双赢"和持续发展。而内蒙

[①] 《马克思恩格斯选集》（第四卷），人民出版社1960年版，第506页。

古自治区是典型的西部草原地区，几千年传承的草原文化影响着草原地区人民的思维、选择和决策。具体到草原企业，它们的领导者的战略思维和行为，往往决定了企业的发展前景和发展极限，所以，当实践课题涉及西部草原地区企业家在经济规模、生态环境和企业社会责任等一系列可持续发展理论的实践中，其研究过程将归集到草原文化这一特定客体。

二　选题意义

（一）理论意义

1. 汲取国内民族学中所蕴含的战略思想

从理论实践来看，作为各职能管理学科的综合性知识体系的西方战略管理学，研究的重点是影响一个组织或企业的长期绩效的主要因素及作用机理。[1] 所以，它对管理战略前沿问题和趋势，如战略环境、战略对象、战略过程的研究，愈加重视，而且对这些问题发展的研究趋于适应环境的不确定性、动态性、复杂性。目前，新的战略过程的研究已深入战略智慧和战略哲学层面；战略管理理论的基础研究，也开始尝试从产业经济学、社会学、政治学、伦理学和复杂性科学中吸取营养，以构建更加坚实的新基础并将之运用于实践层面。

源于欧洲，作为管理决策的重要基础理论的文化人类学（国内称民族学），越来越局限于文化层面的分析研究，很少能将学科成果转化为管理理论和管理实践，在宏观和微观层面，参与管理实践学科建设的价值取向愈加弱化，并远远落后于管理学的新发展。管理学虽热衷于管理原理和管理手段及管理系统的研究，却很少思考它们产生的文化渊源与背景。

在国内，对"民族学"的研究也大抵如此。众多支撑一个民族发展与强盛的民族文化，在当代的经济实践活动中，常常被作为落

---

[1] 武亚军：《中国战略管理学的近期发展：一种本土视角的回顾与前瞻》，《管理学报》2010年第11期。

后的思想而遭到冷落。即使是已有的研究也往往是针对文化本身的理论范畴，很少延伸到其他领域。著名社会学家、人类学家、民族学家费孝通[①]就曾提到，许多在少数民族地区兴建的大型国有企业，很少考虑主动联系当地的少数民族，一些少数民族甚至是游离在地区经济发展的进程之外。在拉动地区经济增长的现代工业的眼中只有地方资源，企业与少数民族的经济社会发展的关联度很低，甚至都忘记了生活在这个地方的人。其实，早在19世纪，罗素[②]谈到中国前途时，就敏锐地提出不管对于中国还是整个人类社会，文化问题都是根本，并认为文化问题最重要。

作为中华文明的三大源头之一的草原文化，在数千年的历史演进中，用外贸和战争同其他文化交流和碰撞着。草原经济的生产方式、管理模式、军事战略、规章制度、风俗习惯、语言文字、宗教信仰、文学艺术、伦理道德、审美情趣等构成了相对独立、独具特色、呈现开放性特征的草原民族文化系统结构。这种结构特征与现代企业中的战略管理学科的基本要求，存在很多必然的联系。

因此，解读草原文化的价值，把草原价值观念中整体性平衡的基本内涵，作为草原战略管理体系的一个基础性支撑，研究草原管理文化的历史渊源、国内战略学科的发展趋势以及实践需求等方面，使"硬"管理手段（组织结构、生产、技术、市场、战略、预测决策）与"软"管理手段（人力资源、文化伦理、环境生态）达到新的平衡，形成我国民族学与战略管理学之间本有的内在联系。

2. 丰富国内企业家战略领导力理论

著名元史专家、美国明尼苏达州保罗麦卡利斯特学院的人类学教授威泽弗德在《成吉思汗与今日世界之形成》一书中提到，在我们生活的每一个方面，包括政治、科技、战争、商业、服饰、艺术、文学、语言、音乐甚至近代国家的边境，都留有成吉思汗与他

[①] 潘乃谷、马戎：《边区开发论著》，北京大学出版社1993年版，第11页（费孝通作的"前言"部分）。

[②] 罗素：《中国问题》，秦悦译，学林出版社1996年版，第1—2页。

所创立的大蒙古国的印记。"不同时期的草原管理者,匈奴、鲜卑、突厥、契丹、女真、蒙古、满族在经济、政治、文化、意识形态等层面上采取兼容并包的开放政策,丰富并完善草原文化的内涵和外延。"① 而这一切又都需要有文化来做有效的支撑。当前,我国的经济正处于转型时期,国内的许多企业在经历创业时期和同步于我国经济高速发展之后,出现了战略盲区。在新的经济形势下何去何从,是否具有直面危机的勇气和智慧,这主要取决于国内企业家战略领导力。

企业家作为企业的核心,其领导能力成为企业成败的关键,企业家能力在企业战略管理过程的凸显点就是企业家战略领导力,战略领导力有自身的价值观,它关注企业目标和自身的能力,供给企业资源,同时考虑企业外部环境的机遇与威胁,是一种独特的思考型实践能力,在企业战略管理各个阶段中体现出至关重要的作用。

与创业初期相比,企业面对的内外环境更加严峻。对内有知识创新要求,对外遇到全球经济的持续波动,此时,企业家的作用更加凸显,企业家的战略领导力已成为企业不可或缺的稀缺资源。企业的处境,逼迫企业家转变角色,要求企业家自觉提升自己的领导力,迅速将自己从"土狼"转变为"狼王"。

但是,企业家发展的最高境界绝对不是成为"狼王"。当企业发展到跨区域性的商企集团时,对于企业家来说,更为重要的责任、压力和挑战是在企业规模经济的不断要求下,庞大的企业团队如何发挥出最大管理效用。这时的企业家应该是企业战略家,其关键的着眼点,是提升企业家战略领导力及其完成自身的管理思想与灵魂的升华,而非企业的管理和效益。遗憾的是,国内的战略领导力研究不足,企业的战略管理思路不清,企业家的战略能力的提升缺乏目标。所以,本书借鉴草原传统文化的历史和现实价值,提取草原文化中丰富的战略管理思想,构建我国的战略领导力体系,为

---

① 扎格尔:《草原物质文化研究》,内蒙古教育出版社 2007 年版,第 115 页。

国内企业战略管理实践活动,提供了强大的思想资源;也使国内的战略管理学的发展,具有了更为广阔的视野和更加深厚的根基。

(二) 现实意义

威尔士亲王 (Prince of Wales)[①] 曾经说过,商业只能在可持续的环境中取得成功。西方现代经济管理理论为人类带来巨大的物质财富享受,也带来了众多的甚至是难以调和的矛盾。经济发展的后果不单单是我们曾憧憬的模样;相反,危机的频现、灾难的规模与程度更加可怕。面对这种窘况,西方管理理论所表现出的胸襟、气度与智慧却显得捉襟见肘。痛定思痛,西方发达国家主要是欧洲和日本,为支撑经济的可持续发展,对传统文化的价值进行全方位的研究与思索,试图整合出极为重要的文化环境,即法国著名史学家[②]所称的"经济大厦的宽广底层"。

处于干旱、半干旱地带的北方草原,生态脆弱,生存环境极为恶劣,这是当地人民面临的根本性危机。危机是人类最早的导师,在这位导师面前,草原游牧民族无疑是最优秀的学生。草原文化应对这种危机时,表现出非凡的能力。它的哲学特征在于从根本上、整体性地化解危机,如合理节制欲望,绝不贪婪,与自然宇宙保持本质上的和谐与共生。正如 H. Skolimowski[③] 的观点:"广泛的、全球的生态哲学是一种融合式的、多层次的、规范式的哲学程序,它使个人能够实现自我价值,使宇宙能够实现共生。"

全球经济环境一体化的大趋势,使"越来越多的民族文化被纳入一个利益共享、挑战共对、发展共求的系统"。[④] 草原文化是在草原地区特定的历史、地理环境和独特的社会环境中,所产生的区域性生态文化,在全球化趋势背景下,已展示出独具魅力的个性

[①] Paul M. Minus, *The Ethics of Business in A Global Economy*, Boston: Kluwer Academic Publishers, 1993.

[②] 费尔南·布罗代尔:《文明史纲》,广西师范大学出版社 2001 年版。

[③] H. Skolimowski, *Living Philosophy*, London Arkana, 1992, p. 46.

[④] 方铁、何星亮:《民族文化与全球化》,民族出版社 2006 年版,第 511 页。

特质。

所以,对全球视野下的国内战略管理和领导态度进行思考,首先对有文化管理要求的战略管理学科,作有民族特色的研究,是我们国内管理理论学者们义不容辞的责任。当然,研究的内容必须包括它们的特殊性和差异性。例如,西方现代管理理论在中国企业的管理实践中,实际效果与战略规划往往相去甚远,常常会出现"水土不服"的现象。有时也被一线管理人员形容为不接地气。所以,我们必须找到它们与国内管理实践的结合点和切入点,然后贯通中西,这样,才会是一种有效的平衡办法。

本书对国内企业的战略管理过程进行研究时,立足于中华文明的三大源头之一,且在历史上有过成功实践经验的草原文化,使草原文化的开放、生态、和谐的特征优势与国内企业的战略领导力的研究有机地结合起来。本书还系统地从草原物质文化中,提炼草原企业战略领导力的原则、方法、内涵及特征,构建中国企业在实践层面的、可持续发展的战略领导力结构。并从草原文化的视角下,思考我国的草原企业在经济转型发展中,对企业战略行为的影响,涉及哪些经济、制度和文化情境的因素,其独特和突出的特点是什么?还要识别草原企业的发展是战略行为、成长模式还是战略决策。[①]

第三节 研究方法和研究思路

一 研究方法

从战略管理学的视角,本书的研究可归入"环境—领导者—企业战略—绩效"的基础研究范式。因此本书的研究,是在对草原文化和领导力等战略主题归类的基础上,从社会文化视角和领导力理论等资

---

① 武亚军:《中国战略管理学的近期发展:一种本土视角的回顾与前瞻》,《管理学报》2010年第11期。

源基础观切入，采用了探索性归纳与定量实证相结合的方法。

（1）归纳推理法。主要是搜集、查阅、整理与草原文化和战略领导理论主题研究有关的文献，包括国内外领导能力理论、文化管理理论的著作刊物，硕、博士学位论文及内蒙古史资料，通过提炼、归纳草原文化中的战略因素和基于草原企业家领导力的根定义，构建一种草原企业家战略领导能力的概念性模型。主要采用图表把文化的概念与复杂的科学方法结合起来。

（2）问卷调查方法。在文献阅读、企业访谈的基础上，借鉴和参考了国内外对于战略领导力研究有关的成果，结合内蒙古地区企业的具体情况，编制拟调查问卷并进行小范围的测试。根据小范围的测试结果，结合文献分析和专家讨论，编制出正式问卷，回收问卷并对调查数据进行整理，从而证明本书所提出的理论模型与关系假设的可靠性。本书利用 SPSS 17.0 统计分析软件对数据进行处理分析，得出结论。

（3）逻辑演绎法。在研究草原管理文化史料基础上，运用系统抽象方法，提炼逻辑概念，同时展开对研究主题的分析解释。这里所说的系统抽象是指研究者根据特定目标，在一定的现象中判断、推理并形成概念。[①] 所以，对草原文化影响下的企业家战略领导力概念研究本身就是创新。

（4）案例分析法。通过个案和多案例进行研究。对草原企业的具体特质性问题进行总结，归纳企业领导者的领导特征，指导企业和组织层面的战略思考和实践。在调查分析草原企业家战略思维和战略行为的特质时，重点研究了较小实例的数据。

二　研究思路

本书从草原文化的角度，观察和分析草原地区的经济体——草原企业的规模、经济、生态的特征，探究草原文化对草原经济体的影响程度和影响方式。首先，探讨草原文化的思维方式、基本精神

[①] 刘永佶：《政治经济学方法论纲要》，河北人民出版社 2000 年版，第 318 页。

及现代价值,从草原生态学、经济学、社会学、民俗学、军事战略学中提取草原管理思想,概括草原管理思想中的突出特征,即草原文化中的战略观。其次,表述草原文化视角下的企业家战略领导力在企业管理中的作用。综合、对比、分析草原企业家战略思维与行为的特征,诠释草原文化影响下的企业家战略领导力的概念。把草原文化核心价值与战略领导力理论对应,构建草原企业家战略领导力模型,创新有草原文化特征的企业家领导力,走一条平衡经济、生态、伦理的企业家管理企业路径。

本书的研究路线见图1-1。

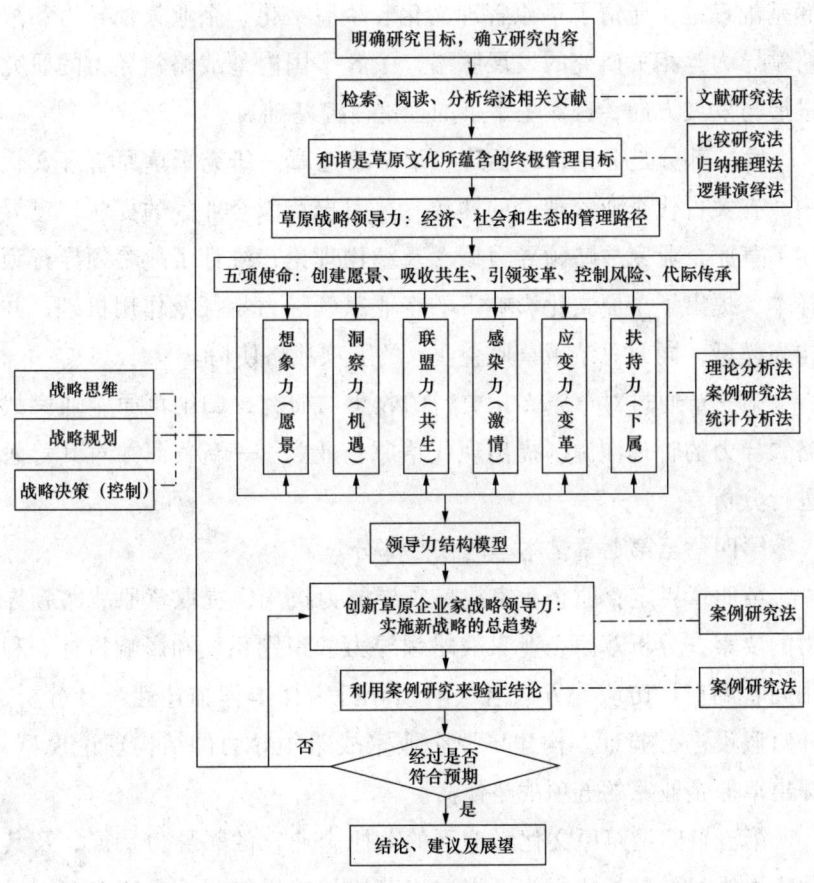

图1-1 本书研究路线

第四节 研究结构

本书分为两大部分，共七章。

第一部分是总论，包括第一章、第二章。第一章是绪论，介绍了本书的研究背景、研究目的、研究意义、创新之处、研究思路、研究方法和相关概念的界定。第二章是文献综述。总结了草原文化、管理文化与草原管理文化，企业家、领导力与战略领导力等内涵基础理论，厘清了草原管理文化、草原文化、企业家领导力和战略领导力等相关研究的发展脉络，了解了国内外战略领导力的研究进展与发展方向，夯实了本书的理论研究基础。

第二部分是分论，包括第三章至第七章。研究了草原管理文化中，有关古代企业家理论的渊源，并引出草原企业家的提法，也界定了草原企业家战略领导力概念及结构理论，统计了战略领导行为样本，提出了草原文化影响下的企业家领导力特征及作用机理，并构建模型，同时总结了草原企业家的五项战略使命。

第三章通过对草原文化史料的收集与研究，归纳草原企业家战略领导力的管理渊源，提出现代草原企业家——新蒙商并对其背景进行分析。

第四章至第七章是本书的核心部分。

第四章界定草原企业家战略领导能力概念，提取草原战略领导力的要素，分析草原企业家战略领导力的识别系统和影响指标。利用问卷调查与访谈等方法对战略领导行为样本作描述性统计分析，并对假设进行验证。构建草原企业家战略领导力的结构理论模型，提出草原企业家的五项战略使命。

第五章归纳草原文化影响下的草原企业家的领导力特征，及其战略思维习惯与战略行为。提取出草原战略思维习惯中四个关键元素，即理想性、环境性、共生关系性和动态性，总结草原企业家的五种战略行为,在此基础上假设得出草原文化中关于"和谐"、"信义"和"变革"等战略行为的假定。

第六章是对草原企业家战略领导力作用机理的研究。本章在前五章理论分析的基础上,假设了企业家战略领导力作用机理对企业经营战略、企业组织和战略层面的系统架构、建立和执行企业制度、管理者和企业员工行为的影响,并进行多案例检验。

第七章是创新草原企业家战略领导力即实施新战略的总趋势,包括趋于动态竞争优势的草原企业家战略领导力,转入跨区域的战略领导力,面向草原商业文明的战略领导力。

第五节 本书创新点

1. 构建了草原企业家战略领导力结构框架

国内外管理学者已形成一种共识,认为战略管理学是一个国家和地区的管理学研究成果是否成熟的重要标志。审视战略管理在国内的发展,发现战略领导作为管理学科的战略前沿,国内学者对其分析不多、研究较少且不够深入。而战略本身,在中华传统文化中比比皆是,只是缺乏与企业管理的结合,缺乏对其领导内涵的梳理和提炼。草原文化是中华传统文化的重要组成,从草原文化视角出发,就会发现草原民族在不同历史时期,分散在草原政治、经济、文化、文学、民俗等物质文化和精神文化中的战略管理思想和行为,如果加以整理和加工,便会形成颇具价值的战略管理理论。目前在蒙古史方面,国内外均形成了专门的蒙古学研究学科,都有一定的研究成果。但是,本书所关注的草原管理文化,至今还缺少人气,现阶段的研究大多集中在草原文化本身。

本书基于草原文化的角度对企业家战略领导能力的概念进行界定,对其要素进行提炼与解析。识别草原企业家战略领导力的体系,找到草原企业家领导力与企业战略管理过程的契合点,并以草原文化中的管理思想及领导能力特点等作为研究对象，集中提炼出草原民族固有的、突出的、系统的战略领导能力，为提升草原企业家战略领导力提供了借鉴作用。

2. 设计了草原企业家战略领导力作用机理模型

战略领导力是企业家的核心能力，能力需要一定有效的机制才能得到更好的发挥。本书重点深化和拓展了企业家在战略管理过程的作用理论研究。西方领导学理论解决的是领导学的局部问题，并用科学实证的方法把领导学裁成能够被现有理论所理解的若干部分，缺乏系统性和整体性。而东方文化管理理论把人与自然看成一个整体，即使是部分的问题也是从全局的角度去分析，但结论往往缺乏科学实证。

本书把草原管理思想中的战略因素进行系统归纳后，运用战略管理理论和文化管理理论，分析研究草原企业家领导力特性的基本战略因子，提出草原文化对企业家战略领导力的影响要素及假设，建构草原文化影响下的企业家战略领导力作用机理模型。

3. 提出了草原企业家领导力的管理范式

企业家在我国经济改革及经济建设中有着非常重要的地位，发挥着重要的作用。但是，目前我国企业家队伍的建设现状不容乐观，企业家缺位、企业家精神的缺乏等现象已严重影响了我国市场经济建设的步伐和企业发展的进程。但是，在国内的管理学界，理论上仍然没有很好地提出提升本土企业家战略领导力的解决方法。本书在研究草原文化的过程中，对草原文化影响下的草原企业家的战略领导力进行了全面的分析，发现并归纳出草原企业家的战略领导力的特殊性。在此基础上，提出本书的观点：草原文化的核心价值观决定着草原企业家的战略愿景，在草原企业面临发展与保护的两难选择中，草原企业家的战略思维和行为方式往往决定着草原经济体的发展方向与极限，把握草原战略领导力、草原商业伦理与草原生态的动态平衡度，提升领导草原企业在一个特定的环境中跨越式发展的能力，是草原企业家在这样一种特定环境下的战略选择。

本书所要解决的问题就是：在草原最新管理理论的指导下，在更大区域内提升草原企业家的战略领导力和动态战略领导力，在草原企业家范围内，形成草原商业文明的管理范式。

第六节 相关概念界定

一 草原族群

蒙古高原位于中原、中亚与欧洲的中介地带，其主要地貌特征为草原及草原环绕中的森林、沙漠。"亚细亚之中部，北有诸山系与西伯利亚为界，南界高丽（CorSe）、中国、吐蕃、细浑河（Sihoun）、里海，此种广大地带西起窝勒伽河（Volga），东抵日本海，自太古以来，属于三种人种之游牧民族居焉，是即世人可以通称突厥、曰鞑靼（Tatares）或蒙古（Mongol）、曰东胡（Toungous）或女真（Jurchen）者，是已。上述区别之所根据者，在此类民族之语言方面，较其形貌方面为甚。"[1] 在这片神秘而广袤的土地上，繁衍了东胡、丁零、柔然、匈奴、乌桓、鲜卑、突厥、回纥（回鹘）、契丹、党项、女真、蒙古等 20 多个草原民族，并创造出了特色鲜明的草原文化，成为游牧文明的世界性发源地和集成地，也书写了中华文化的辉煌篇章。"在中华文化的区域板块中，最具有世界性品格的，应该是北方草原民族文化。"[2]

费孝通先生[3]提出，中华民族的多元一体格局是由许许多多分散孤立存在的民族单位，经过接触、混杂、联结和融合，同时也有分裂和消亡，形成一个你来我去，我来你去，你中有我，我中有你，而又各具个性的多元统一体。共同的文化渊源是族群的基础，

---

[1] 多桑：《蒙古史》（上），冯承钧译，上海书店出版社 2001 年版，第 26 页。
[2] 钱灵犀：《中华文化视野下的草原文化》，《陕西社会主义学院学报》2006 年第 2 期。
[3] 费孝通：《中华民族多元一体格局》，中央民族学院出版社 1989 年版，第 1 页。

这些游牧民族在同化融合中,共同构成了草原文化的主体即草原族群。

在20世纪30年代,族群被用来描述两个群体文化接触的结果,以及小规模群体在更大社会中所产生的含化现象。多数人类学家、社会学家[1]认为,族群(Ethnic Group),是指在一个较大的文化和社会体系中具有自身文化特质的一种群体;其中,最显著的特质就是这一群体的宗教的、语言的特征,以及期望成员或者祖先所具有的体质的、民族的、地理的起源。巴斯[2]则提出一个族群的边界,不一定是地理的边界,而主要是社会边界。在生态性的资源竞争中,一个群体是用特定的文化特征,来明确"我群"的边界,从群体的排他性和归属性界定了族群。本书就以居住中国北方草原的内蒙古地区的草原族群的草原文化为研究对象。

二 草原企业家

草原企业家是以企业董事长、总经理、总裁、CEO、老板、经理、厂长等称呼的高层职位为依托,以草原文化的理念、习惯和特征为决策背景,践行"国际化思维,本土化行动"(Think globally, act locally)[3],在企业的不同发展阶段和企业所处的不同环境中,对企业的全局、未来、变革所承担责任的一类人。草原企业家不一定是企业产权的所有者,但他们一定是具有草原本质文化特征的企业领导者。

草原企业家提倡尽孝脱贫。认为大孝就是要为家乡改变面貌,也就是草原乡土观念所指的"好狗护三林,好汉护三村"的意思;不孝就是不忠诚,没信誉,靠不住;把孝心与忠诚、信义和自身的安全紧密联系。在草原上成长、以草原文化为基础管理资源的草原

---

[1] Nathan Glazer Daniel & P. Moynihan, *Ethnicity Theory and Experience*, Harvard University Press, 1975.

[2] Barth, *Fredrik Ethnic Groups and Boundaries: The Social Organization of Culture Difference*, Boston, MA., Little Brown, 1969.

[3] 弗雷德·卢森斯、乔纳森·多:《国际企业管理:文化、战略与行为》,机械工业出版社2009年版,第51页。

企业家群体，把创业原动力作为企业家精神，并以这种独特的诠释方式，概括出中国企业界比较认可的企业家精神。

草原企业家提倡和谐。认为和谐的企业就得给老百姓拿钱，否则，所谓的企业家就会被老百姓看作卖狗皮膏药的。拥有财富的草原企业家提倡创造了有价值的社会财富，在恢复生态、发展生产的经营中，挖掘其中蕴藏的经济效益和社会效益，主张以双赢利模式改变当地人民的行为，使公众受益，企业获利。

三 草原文化

内蒙古社会科学院草原文化研究课题组[1]研究认为，草原文化是具有人类中勇敢、进取、冒险、拼搏、坚持、创新等活性精神元素的文化，是尚力的；它同忍耐、退却、调和、妥协、屈从等静态精神元素的农业文化相比，是一种动态而开放的文化。

玉玺[2]认为的草原文化是以蒙古族为主要代表的北方游牧，通过草原生态系统与中国北方草原生态环境和谐依存，在长期的游牧生产生活实践中，融合民族中特有的文化、信仰、心理特征并不断吸收异质文化的动态文化。马桂英[3]认为的草原文化是中华文化的一个不可或缺的有机组成部分。它由草原地理环境（自然因素）、游牧经济生活和游牧民族的传统文化等（人文因素）共同塑造，是阿尔泰语系民族和族群在适宜放牧的草原区域创造的独特文化现象和文化复合体。

中国学者林干[4]认为，400毫米等降水线的东南，受到太平洋及印度洋季风的影响，降水量充足，适宜于农业的发展；而400毫米等降水线西北部的草原地表，有机土的覆盖很浅，有机土的下面便是沙漠。由于降水量的严重不足，生态环境极度脆弱的草原，一旦

---

[1] 内蒙古社会科学院草原文化研究课题组：《论草原文化的建构特征》（草原文化研究资料选编第二辑），内蒙古教育出版社2005年版，第7页。
[2] 玉玺：《论草原文化在内蒙古特色经济中的地位和作用》，硕士学位论文，内蒙古师范大学，2007年。
[3] 马桂英：《略论草原文化的特征》，《天府新论》2006年第1期。
[4] 林干：《中国古代北方民族通论》，内蒙古人民出版社1998年版，第4页。

被开荒，沙化也随之而来。草原先民为化解当时笼罩于整个高原之上的生态与生存危机的压力，选择了改变以往的生产生活方式，所以，生活在草原的牧民们选择了环境所提供的游牧文明方式。形成了游牧经济与草原地理环境天然有机的和谐。由此，于飞、孟慧君[①]认为草原文化包括草原上各民族所创造的物质文化和精神文化的总和，是民族文化与地域文化的结合体。

新进化论学派的斯图尔德认为生态环境对文化的发展有制约作用，文化越原始简单，其对环境的依赖性就会越强。其·朱格德尔[②]认为："把我们的土地上生息的野羊、野马、骆驼驯化成适应于蒙古高原严寒酷暑气候的本地品种的牲畜，是我们祖先在文化方面取得的巨大成就，也是为中亚和人类文明增添了新的内容。因而，这种游牧业不仅是一种艺术，更重要的是它促进了人们的智慧的发展，进而创造了游牧民族特有的独特的游牧文化。"

总之，草原文化是草原民族古老的生产、生活方式在经济、政治、社会的集中表现。是草原族群应对长期性、整体性危机的战略思考及在文化制度的规划，体现了人与自然、人与生产、人与人之间的关系定位。草原文化既具民族文化特色，又有地域文化特点，究其实质，更接近生态文明。草原文化这种放弃相对发达的原始农业文化类型，转向于游牧文化类型的战略思维与抉择，为人类应对整体性、长期性、生存性的危机，提供了极为有益的历史借鉴。

---

① 于飞、孟慧君：《北方游牧文明研究进展评述（中国少数民族经济研究会2005年年会论文集）》，内蒙古人民出版社2005年版，第261页。

② 其·朱格德尔：《封建主义形成时期的蒙古社会——政治、哲学思考》（蒙文版），内蒙古教育出版社1994年版，第109—110页。

第二章　相关理论综述

第一节　管理文化

管理文化（Management Culture），首先管理是一种文化，是按一定文化标准和行为方式将组织成员结合在一起的基本组织元素。它代表的组织目标、信念、伦理及价值观，是管理世界中最根本、最基础、最核心的部分。[1]

从国际管理研究的角度看，文化（culture）是已经获取的知识，利用这种知识，人类可以解释各种经验和产生社会行为。[2] 这些知识构成了管理者的价值观，决定了管理者的态度，影响了管理者的各种行为。

西方的"文化"源于拉丁词 culture，与祭祀和崇拜有关。从最广泛的意义来说，这一术语是指人与人相互交往的结果。而在汉语中，文化实际是"人文教化"的简称。汉代刘向《说苑·指武》："凡武之兴，为不服也，文化不改，然后加诛。"晋朝束皙《补亡诗·由仪》："文化内辑，武功外悠。"前蜀杜光庭《贺鹤鸣化枯树再生表》："修文化而服遐荒，耀武威而平九有。"元朝耶律楚材《太阳十六题》诗之七："垂衣端拱愧佳兵，文化优游致太平。"

---

[1] 陈晓萍：《跨文化管理》，清华大学出版社 2009 年版。
[2] 张岱年、方克立：《中国文化概论》，北京师范大学出版社 1993 年版，第 87 页。

概括地说，文化有完整的结构，是群体、组织、社会共有的概念，主要包含器物、制度和观念三个方面，是象征的结果。它是适应社会的、由学习得来的，是社会价值系统的总和。

著名的文化学者汤姆森[1]指出："全球化处于现代文化的中心地位，文化实践处于全球化的中心地位。"目前，西方的理论界普遍认为文化对经济有着重要的影响和作用。亨廷顿[2]研究了20世纪60年代初加纳和韩国的经济表现，惊讶地发现两国当时的经济水平何其相似，它们的人均国民生产总值大致相等。在经济构成方面，初级产品、制造业和服务业所占的比例彼此相近，而在30年后，加纳的人均国民生产总值仅相当于韩国的1/14。亨廷顿的结论是：文化在起作用。马克斯·韦伯[3]则把资本主义和工业文明在西方的兴起归结于基督教新教伦理。他的观点是：保守地说，真理的中心在于，对一个社会的成功起决定作用的是文化，而不是政治；开明地说，真理的中心在于，政治可以改变文化，使文化免于沉沦。

总之，经验管理时代有经验管理时代的管理文化，科学管理时代有科学管理时代的管理文化。20世纪的第一个十年，是工业化大生产急速增长的时代，企业家通过扩大规模效益获得竞争优势；第二个十年，被尊为"科学治理之父"的泰罗，强调企业家要科学治理企业；第三个十年，人际关系治理引起企业家的重视；第四个十年，开始强调组织功能结构；第五个十年，美国大企业重视战略规划的作用；第六个十年，企业界认同经济猜测；第七个十年，普遍开始重视市场战略和组织设计；进入21世纪，企业对文化战略及其建设、人力资源战略、学习型组织等管理文化日益重视。管理模式的更迭暗示着人类文化的演进，因此，作为管理模式的文化管理，影响着企业管理者的心智模式和行为方式。

---

[1] 约翰·汤姆森：《全球化与文化》，南京大学出版社2002年版，第1页。
[2] 亨廷顿：《文明的冲突与世界秩序的重建》，新华出版社1998年版。
[3] 马克斯·韦伯：《新教伦理与资本主义精神》，彭强、黄晓京译，陕西师范大学出版社2002年版。

一 国外管理文化理论

文化能够影响管理者的态度和思维方式，也能够影响到企业与政府之间的关系，或许，最重要的是，文化能够影响人们的思维和行为。[①] 大致上可以用一个民族的生活形式来指称它的文化。[②]

Hoffman 和 Hegrty（1993）研究发现，社会文化影响企业管理人员的创新意愿和行为，并会直接影响他们的决策模式偏好。社会文化通过不同的文化背景的组织成员，建立起不同企业文化和共同的价值观。另外，文化对企业管理也产生着影响。Slater 和 Narver 发现关注市场并适应变化的文化，会导致企业的适应性学习行为；而有利于企业家导向培育的文化，会导致企业的探索性及风险偏好的学习行为。

美国弗雷德·卢森斯（Fred Luthans）和乔纳森·P. 多（Jonathan P. Doh）[③] 分析文化差异及对企业家的管理的影响。列举出一个社会中文化对管理方式的直接影响，如集中决策和分散决策；安全与风险；个人回报与团队回报；正式程序与非正式程序；较高的组织忠诚度与较低的组织忠诚度；合作与竞争；短期视野与长期视野；稳定与创新。

荷兰学者霍夫斯泰德（Hofstede，1993）[④] 发现，文化有四个维度，通过四个维度，可以解释不同文化背景的人的行为方式和原因。他的民族文化差异理论构建的权力距离、个人主义与集体主义、不确定性规避和刚毅性四个维度的文化四维模型是领导力中文化差异观点的理论基础。霍夫斯泰德还认为，民族文化的四个维度对企业的组织结构和管理控制系统包括领导方式、激励方式与手段

[①] Raymond Williams, *Keywords: A Vocabulary of Culture and Society*, Rev. ed., New York: Oxford UP, 1983, pp. 87–93, 236–238.
[②] 邵台新：《中国文化史》，大中国图书公司1997年版。
[③] 弗雷德·卢森斯、乔纳森·多：《国际企业管理：文化、战略与行为》，机械工业出版社2009年版，第68—69页。
[④] 同上书，第75—81页。

等会产生很大影响。J. Kennedy 和 C. Kennedy（1998）[①]认为，文化通过职业和制度的因素，一般从外层的民族文化向内层的个体文化转移，在跨文化语境下，文化成为相互联系的内在循环。其中，外层文化往往能够影响到全球领导者的战略行为。

Terri A. Scandura 等的论文《当东方遇到西方：美国与中东的"最佳领导力实践"》，采用线性回归分析法检验了中东与美国的企业领导力与企业绩效的关系，发现在中东企业，任务导向、工作满意度和领导效能相关；在美国企业，个人导向、工作满意度与领导效能相关。后来，Robie 等研究认为，领导力中最关键的能力是分析问题、结果导向、兑现承诺及影响他人，在比较几个国家的领导力与绩效的关联性后，认为领导力在不同的国家作用并不相同。

全球领导力和企业行为效力研究项目（Global Leadership and Organizational Behavior Effectiveness，GLOBE）[②]整合了文化和管理。来自全球 62 种文化背景的 170 位管理学者、社会科学家，对来自霍夫斯泰德的领导力的文化差异理论（culturally – endorsed implicit leadership theories，14CLTs）所定义的文化维度：不确定性规避、权力距离、集体主义Ⅰ、集体主义Ⅱ、性别差异、自信；以及其他研究中涉及的未来导向、绩效导向和人道主义导向等九种文化变量进行了长期实证研究，发现社会及组织文化的维度与这九个文化变量结构相似，可见，文化差异对全球领导力的影响之大。

总体而言，国外管理文化理论建立了文化影响企业家领导力的框架模型、影响的维度和方式。特别是采用线性回归分析法等科学方法，检验不同文化背景下的企业家领导力与企业绩效的关系，从理论上明确了社会文化对企业管理所产生的重要影响，以及对企业

[①] Adapted from Fons Trompenaars and Charles Hampden – Tmer, *Riding the Waves of Culture: Understanding Diversity in Global Business*, 2ed (New York: McGraw – Hill, 1998), p. 25.

[②] 弗雷德·卢森斯、乔纳森·多:《国际企业管理：文化、战略与行为》，机械工业出版社 2009 年版，第 88 页。

管理者的思维和行为的影响。同时也分析了社会文化对管理者的影响是企业文化和企业共同的价值观的成因。研究的重点在于，社会文化是否影响企业管理的问题及社会文化影响企业管理的方式和途径的问题。

二 国内管理文化理论

目前，国内管理文化理论研究的方向，主要是侧重于中国传统文化如何影响管理实践的问题，以及所涉及的管理实践中的文化元素是什么的问题。而文化是否影响企业管理这个问题，已很少有人去研究了。

在管理文化上，中国企业实践经验始终与西方管理理论有着差异性。随着企业家与战略领导、中国文化对企业家的战略影响等具有浓厚中国背景的战略主题的出现，表明在战略管理研究上，国内学者已经有所突破了。例如，张阳、周海炜[1]从管理文化的视角，辨析中国传统谋略思维中人与人之间的关系逻辑背景及实用理性、知行合一的知识特征，比较西方战略管理所体现的人与物关系的认知逻辑、科学理性、理论知识建构等特性。提出中国传统谋略所具有的过度功利性、权术性和非生产性，以及与西方企业战略管理的潜在冲突，提出对传统谋略的运用与改造，即通过合理安排中国企业的内外利益关系，形成符合中国管理文化价值取向的战略管理体系。[2]

齐鸿善、邢宝学提出的管理理论创新的基本原则中的"民族性原则"，认为中国人具有创新管理理论的先天优势。但是，目前国内管理学界的理论创新只能在西方几十年前搭好的理论框架中修修补补，而始终不能突破。[3] 彭贺认为："从理论和实践的互动中考察文化和管理的关系，发现文化对管理实践的影响是全方位的。已有

---

[1] 张阳、周海炜:《管理文化视角的企业战略》，复旦大学出版社2001年版。
[2] 周海炜、张阳:《战略与谋略：管理文化视角的辨析》，《科学·经济·社会》2007年第3期，第77—81页。
[3] 齐鸿善、邢宝学:《管理理论创新范式研究》，《管理学报》2010年第3期。

的实证可知,管理实践和民族文化的契合程度与企业财务业绩成正比。"①

德鲁克说,管理者不同于技术和资本,不可能依赖于进口。中国发展的根本问题是培养一批根植于本土的战略管理人才。他们了解自己的国家和人民,并且深深根植于中国的文化、社会和环境当中。在国际战略学界,CHEN(陈明哲)②强调了中国文化中"阴阳"统一的系统辩证思维特征及其在战略及管理上的影响。他甚至认为中国存在的、特有的折中方法即悖论式整合,是一种超越悖论的独特方法。罗继宁提出,"中国古代全息系统思维把组织系统活动概括为包括四个不可分割层次的动态系统,即'心、人、事、物'。其中强调'心、人',就是指管理问题主要集中在艺术和文化层面"。③

总之,从中国企业管理实践来看,中国企业战略思想创新源于东方管理文化的谋略(或是战略思想)。国内的管理文化理论则立足于中国的文化、社会和环境,挖掘并分析文化的核心价值观与企业成功经验的对应、结合。所以国内管理文化的研究,不管是研究现有的中国式管理理论,还是进一步丰富中国式管理理论体系,都要扎根于中国民族文化理论。"在现代社会的发展进程中,经济与文化的发展是相互渗透、相互影响、相互作用的,经济现象、经济基础和经济行为的存在越来越依赖于文化价值。任何脱离民族文化的经济行为都是不成功的。"④

---

① 彭贺:《从管理与文化的关系看中国式管理》,《管理学报》2007年第3期,第253—257页。

② CHEN M. J., "Transcending Paradox: The Chinese 'Middle Way' Perspective", *Asia Pacific Journal of Management*, 2002, 19 (2/3): 179 – 199.

③ 罗继宁:《中国管理学研究的实践导向和理论框架》,《管理学报》2010年第11期。

④ 刘高、孙兆文、陶克涛:《草原文化与现代文明研究》,内蒙古教育出版社2007年版,第292页。

第二节 草原文化与草原管理文化内涵理论

著名考古学家苏秉琦先生提出中国北方草原是"中华文明曙光升起的地方",是中华玉文化、龙文化的发祥地;是中华文化的起源地之一;是中华文化源远流长、长盛不衰、保持蓬勃生机的内在驱动力。北方草原文化与黄河农耕文化及长江水稻文化共同形成了中华文明。

草原文化的结构是由单一文化形成的草原文化群组成。我们可以把它分为价值核心层、规则制度层、元素显示层三个层面,其中价值核心层表现了草原文化的意识形态或价值观体系,是草原文化的核心。草原文化核心的价值观辐射并融合在草原文化的所有层面,要求草原文化群中的每一种文化与核心价值观不能有任何冲突。

在草原文化的元素显示层中,文化元素也称文化的符号,是文化的表象和载体,是草原文化的具体表现,并服务于草原文化的价值核心层。文化元素或符号之间具有固定的逻辑关系,这种固定的逻辑关系就是草原文化的价值逻辑体系,也就是由草原文化的核心价值观辐射及融合所致。所以,草原文化的价值核心层,虽然用几个关键字或一句话就能表述清楚,但它又需要规则制度层面来约束要求,再由文化元素显示层来体现。蒙古族的饮食文化、服饰文化、居住文化、商贸文化等文化艺术特点都是这样体现的。例如,到草原旅游的人们往往会好奇地关注蒙古族的服饰和草原餐饮文化元素,其实这些蒙古族的服饰和草原餐饮文化的渊源就体现了草原文化的核心价值。至于游客想要了解的服饰和餐饮的具体要求和规则,也就是草原文化的规则制度层面的内容。

世界范围内的草原文化基本分布在北纬40°至北纬50°的广大地

区，包括亚洲北方草原、西域地区、青藏高原三大板块，在学术界已有定论。

而本书探讨的作为中华文化重要组成部分的草原文化的分布区域，在学术界还没有统一的界定。目前有三种说法：一种认为草原文化分布区域西起阿尔泰山，东达大兴安岭的现在的蒙古高原的地区；另一种认为草原文化区域分布在从东北沿蒙古草原到西北的宁夏、甘肃北部、新疆以至藏北高原的北方草原地区，即长城以北的广大区域；还有一种认为草原文化区域分布在400毫米降水线以北的中国草原地区。本书赞同内蒙古学者吴团英[①]的观点即历史上草原文化分布范围应包括整个蒙古高原。也就是说，蒙古高原的南部以阴山山脉为界，接连中原文化；西起阿尔泰山，相通青藏高原；北部邻近西伯利亚，遥望北冰洋；东部达大兴安岭，相望女真、满族。

一　草原管理文化概述

社会、民族和一定族群的文化，必然会渗透或反映在它的管理过程中。草原管理文化作为草原文化有机的组成部分，源于战争、生产、生活并构成一个相对完整的知识体系，渗透到草原人民生产和生活的各个组织和管理层面。阿岩、乌恩的《北方经济发展史》（1999）认为草原经济的脆弱及政权体制的不稳定性，要求历代草原政权必须重视制度建设。其中，既有丰富的管理哲学、管理思想和相关的价值观念，也形成有效的管理模式、管理方法和管理技术。所以，虽然草原政权更替频繁，其基本的形式始终保持着较稳定的状态。

草原管理文化在人类文明上的首次亮相，是在公元前209年到公元221年，匈奴单于冒顿建立的东起大兴安岭，西抵阿尔泰山，南临长城，北沿森林的匈奴汗国。设立了行国这种军政合一的社会

[①] 吴团英：《略论草原文化研究的几个问题（论草原文化第二辑）》，内蒙古教育出版社2006年版，第4页。

组织，制定了国家法律制度，实行议事制度。《资治通鉴·汉武帝元狩元年》："乌孙、康居、奄蔡、大月氏，皆行国，随畜牧，与匈奴同俗。"（胡三省注："随畜牧逐水草而居，无城郭常处，故曰行国"）在经历了400多年的风雨沧桑后，匈奴汗国走向衰落，匈奴民族走向分裂，部分内附汉朝、部分同化于其他游牧民族当中、部分远走东欧延续辉煌。

公元3世纪，崛起于大兴安岭的鲜卑民族，占领了匈奴故地，形成了宇文、慕容、段氏、拓跋鲜卑。迎来草原文化的发展高峰期。386年拓跋珪统一了北方民族，建立了北魏王朝。鲜卑民族北上统御匈奴，南下控制中原，兼容南北文化，促成了中华民族第一次大的融合。鲜卑人为中原地区注入了新鲜血液和活力，开拓了隋唐时期胡汉同朝、风气一新的局面。

907年，契丹耶律阿保机建立了辽国，设五京制，皇室宫帐实行斡耳朵制，并大力地开发了燕云十六州，为女真民族入主中原奠定了基础。契丹族吸取匈奴、鲜卑两族文化优势，实行农牧兼营的一国两制，为游牧民族分营置部，向半定居化的历史进程迈出了重要的一步，有力地推动了草原文化的发展。

1206年，成吉思汗建立了大蒙古国，完备了游牧社会的各种组织制度，在整个帝国中实行忽里勒台制、大札撒制、大断事官制、驿站制、斡耳朵制、怯薛制、那可儿制、千户制、古列延制、努图克沁制度、生态环境保护制度、语言文字制度、宗教信仰自由制度和政教并行的政治制度，使蒙古民族成为北方草原文化的集大成者。成为东西文明交融的复合型社会文化是草原文化发展的最高峰。蒙古文化曾支撑着横跨亚欧大陆的世界帝国，至今还在政治、组织、管理、军事、经济、艺术、外交等方面影响着世界。辉煌的文化历史，始终以祭祀、歌曲、宗教等非物质文化形式，潜移默化地影响着草原民众。麦克·哈特在《世界的中国观》中写道，成吉思汗为中国文化注入了充满活性的新元素，丰富了汉文化的先进和进取，并与西方文化展开交流和碰撞。所以，从文化交流和文化发展的角度，无人能消除他的巨大影响。到1636年，清朝政府统一了蒙古各部，用盟旗制度对蒙古各部进行治理，宗教在草原地区极度繁荣，传统的游牧方式发生了巨大的变迁，传统的草原文化处于相对稳定发展的历史时期，形成了固有的历史意义和价值。

  按照中国古代草原民族建立政权后，所控制的区域划分，草原文化中存在三种管理文化类型。一是东胡月氏、匈奴、柔然、突厥、回纥为代表的政权，建立在蒙古高原漠南漠北地区。它与中原政权和草原上其他民族交往密切，有着浓厚的民族文化特色。二是拓跋鲜卑、契丹、女真为代表的政权。它以西进的态势控制了大漠南北，又南下中原腹地，掌控黄、淮以北，使大漠南北行政管理涉及中原，并开创了"因俗而治"① 的政治先河。三是蒙古族和满族的政权。它们奠定中国现有的行政版图，在政治、经济、军事、文化等各个领域都开创了多元一体的大文化格局，完善了中国古代多民族政权的体制和制度，保留着本民族鲜明的特色。②

  草原文化拥有的战略智慧及其管理文化变革中的价值，令全球的管理者赞叹不已。美国《华盛顿邮报》曾写到，蒙古元朝的历史是世界上最励志的帝国历史，成吉思汗的成就正是现代企业成功的典范，他把企业追求卓越与员工的忠诚有效地结合起来，因此受到企业家和普通员工的青睐。英国军事战略家哈特指出，13世纪对于西方战略发展来说，是个卓有成效的时代。其之所以绚丽夺目，是因为蒙古人给欧洲的骑士们充当了启蒙老师，使他们在战略方面得到有益的"教训"，可以这样说，最好的战略例证来自东方。③ 从蒙古史料中可以发现，在专业化、制定持久国际法准则、促进全球化自由贸易方面，草原人民似乎更有远见；建立以个人价值、忠诚与功绩为基础的新型管理体制更符合人格的发展，如图 2-1 所示。

---

  ① 《百官志·辽史》（卷45），中华书局1974年版，第685页。
  ② 刘高、孙兆文、陶克涛：《草原文化与现代文明研究》，内蒙古教育出版社2007年版，第276页。
  ③ 贺志宏：《鹰的影子》，远方出版社2006年版，第172页。

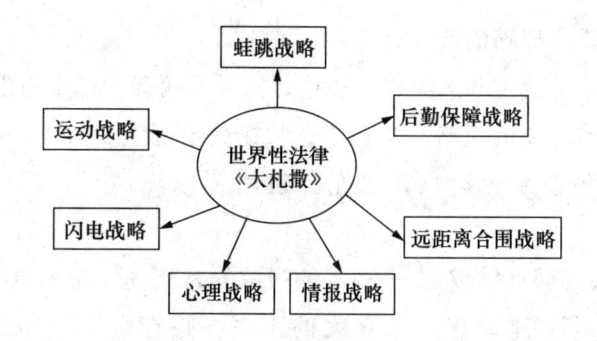

图 2-1 草原管理文化史料

资料来源：对草原管理文化蒙古族军事史料的提炼整理。

二　全球战略的思考者

草原人横扫世界的同时，也成为当时人类文明最好的载体，最早从法律角度上提出让"长生天"之下的一切生物各享其安的和谐理念。1206 年春，铁木真在斡难河畔召开忽里勒台大会，正式建立了大蒙古国，并颁布了《大札撒》，意为《成吉思汗法典》：让道路永远畅通无阻，让天空永远湛蓝；让水流永远清澈，让长生天之下的一切生物各享其安，并确认来自"长生天"的最高法则，对所有人都有效，其内容充满自由气息、拥有秩序意识和崇尚道德的情操。在成吉思汗制定《大札撒》之后，蒙古民族不断用强制力推行《大札撒》的规则和规则背后的理念，征服世界的过程中，《大札撒》一度成为世界上适用范围最广的法典。陈献国的《北方经济思想史研究》（2004）探讨了蒙古史中有重大影响的历史人物的经济思想，特别指出成吉思汗所倡导的对外贸易政策，包含了世界经济贸易的自由化倾向等内涵。他们不仅在思想认识上，而且在行动上，把贸易全球化的理念推向世界，率先打开了世界现代贸易之门。

更难能可贵的是，不同时代的草原地区的决策者，均实施了开放的经济政策，并超乎寻常地重视经济及其经济多元化。历史上的秦直道、互市、榷场、草原丝绸之路便是当时的最好见证。

三　资源战略的选择者

首先，征伐过程的蒙古人战略目标异常明确，即全力争夺牧场。占领牧场的重要的战略意义在于，牧场关系到蒙古人的作战方式和骑兵的战斗力是否有效，也充分说明草原民族对天然资源的依赖性。

其次，草原民族对先进技术的吸收异常迅速。征服北方汉地和高丽后，马上建立起一支强大的水军，并打败了当时的海洋大国——南宋；征服北高加索后，为了适应地形和国情变化的需要，迅速吸收了西亚的重装甲技术。很快就征服了当时强悍的敌人马穆鲁克人，在伊尔汗国这种改变尤为明显。蒙古大军在西征阿拉伯时，又建立了强大的石炮军。13世纪的蒙古人在与多种文明互动时，往往会优先关注对方先进的武器技术。①据《元史》载，"始太祖、太宗征讨之际，于随路取发，并攻破州县，招收铁木金火等工匠，充炮手，管领出征，壬子年俱作炮手附籍。"公元1220年，成吉思汗最器重的汉族将军郭宝玉（唐朝名将郭子仪后裔），便开始使用火炮火箭攻打布哈拉。大约在1350年，火器在巴尔干半岛地区出现，而俄罗斯编年史首次提到火炮的时间，是公元1382年。②

最后，是草原民族把人才与技术的重要性上升到战略资源的高度。正如英国历史学家佩西所说，技术转移是文明间的对话过程，接收方会基于自身的经验、条件和需要，来考虑是接受还是拒绝某种技术，而这个过程需要很长的时间。历史上的草原民族最重视技术和人才，在对待工匠的态度上独树一帜。蒙古大军征服每个地区后，在屠城时，能留下的，只是妇孺、优伶及工匠。即使在战争期间，把工匠编为什伍，设官监管，并"给之食、复其户"，按劳付酬。③实现了全国大一统的蒙古族，表现出与以往任何民族都不同的气魄和政治目标，重才能高于重民族的用人政策，习惯法与成文

---

① 易强：《蒙古帝国》，上海人民出版社2010年版，第46页。
② 同上书，第50—55页。
③ 贺志宏：《鹰的影子》，远方出版社2006年版，第173页。

法的推行，蒙古文字的创制和使用，使蒙古政权充满了生机和活力。实现大统一的元朝，其有效治理的疆土达到了世界历史中最大，元朝统治境内的所有民族都有人在各级军政部门担任职官，此后，中国古代历史上再没有出现过大的分裂格局。①

四 情报战略的规划者

通过商人搜集情报，是草原情报体系的独特之处。德沃尼克《情报工作起源》②提到商人们控制了中国、中亚之间贸易，清楚所有的道路情况，熟悉沿途的经济和政治情况，他们接触过许多官员。了解从波斯到中国的每一寸土地，他们是精明的观察者。蒙古帝国的情报收集系统中，商人起到关键作用。蒙古帝国的政策是善待商人，可汗不仅要保护贸易通道，有时还会直接资助商业组织。英国元帅蒙哥马利的《战争史》③认为成吉思汗的军队的军事效率极高，作战的机动性和协同性如此之完美。特别是蒙古军队的协同能力，促成了当时最具组织性的军队。同时也认为，蒙古军队成功的关键还在于其情报体系。

五 迂回战略的行动者

远距离迂回（合围）战略是草原民族最为常用的战术，其战略思想源于其强大的机动性的优势。《黑鞑事略》④记载："其破敌，则登高眺远，先审地势，察敌情伪，专务乘乱。故交锋之始，每以骑队轻突敌阵，一冲才动，则不论众寡，长驱直入。敌虽十万，也不能支。不动则前队横过，次队再冲。再不能入，则后队如之。方其冲敌之时，乃迁延时刻，为布兵左右与后之计。兵既四合，则最

---

① 何天明：《政治文明——中国古代北方草原文化的重要内涵》，《阴山学刊》2005年第4期，第39页。
② Marco Polo, *The Travels of Marco Polo*, Vol. 1, Editedy by Henri Cordier, New York: Dover Publications, p. 199.
③ Nonaka I., "A Dynamic Theory of Knowledge Creation", *Organization Science*, 1994, 5.
④ 彭大雅撰，徐霆疏：《黑鞑事略》（见王国维《黑鞑事略笺证》），上海古籍书店1983年版。

后至者一声姑诡,四方八面相应齐力,一时俱撞。"公元 1241 年,蒙古军与占有优势的匈牙利军队在绍约河决战,利用快速的远距离迂回(合围)战略,全歼对手。"不计师之众寡,地之险易,敌之强弱,必合围把稍,猎取之若禽兽然。"①

此外,草原民族多擅长于含有多种战略考虑的心理战略。如草原民族人口不足,充分了解自己在人力与兵力不足的劣势,战争中需要采取如恐怖、屠城、夸大兵力、离间计等心理战术来动摇敌人的抵抗意志。②

六 闪电战略的创新者

草原是不设防的大本营,自古,草原民族信奉先发制人的战争哲学。其兵力高度机动,快速穿插,出其不意,战术灵活自由。南宋彭大雅《黑鞑事略》记载:"故其骑突也,或远或近,或多或少,或聚或散,或出或没,来如天坠,去如电逝。"草原蒙古民族神出鬼没、来去无踪之兵,以难以置信的速度和分进合击的战略,利用战略上机动性和战术上的优势,获得在亚欧大陆的完全胜利。元史曾记载了许多军事案例,其军事精髓被后代各国所吸收并加以利用。"二战"时,纳粹德国和苏联都在草原战略思想中吸取了草原军事战略。纳粹德国的装甲部队远距离分进合围,苏联朱可夫元帅的围歼德军战略,皆出自此。即使"二战"时,日美太平洋海战的经典战略——蛙跳战,也是受益于当年草原蒙古军队的战略设想。南宋赵珙撰写的《蒙鞑备录》③记载:"凡攻大城,先击小郡。或孤立一城,绕行攻击相近城郡。"

---

① Thomas Barfield, *The Perilous Frontier: Nomadic Empire and China*, 221 *BC to AD* 1757, *Studies in Social Discontimuity*, Oxford: Blackwell, 1989.

② Teece D. J. G. Pisano, A. Shuen, "Dynamic Capabilities and Strategic Management", *Strategic Management Journal*, 1997, 18.

③ 赵珙撰:《蒙鞑备录》(见王国维《蒙鞑备录事略笺证》),上海古籍书店 1983 年版。

马可·波罗[1]曾记载,凡出师,人有数马,日轮一骑乘之,故马不困弊。战争时,蒙古人只允许战马在夜晚吃草,次日早骑马行军,到黄昏时扎营。为了让战马保持到最佳的临战状态,草原人的行军速度是不紧不慢的。但是决战时机到后,便会急速行军,实施闪电攻击。正可谓静如处子、动若脱兔。

草原军队对速度的控制异常自如。保证速度,灵活机动,避敌锋芒,佯退千里,吸引敌追击,直到拖垮并消耗掉敌人战斗力。公元1223年,蒙古大将哲别和速不台就是采取的佯退战略,全歼钦察人和罗斯国组成的强大联军。如《黑鞑事略》[2] 所载:"其胜则尾敌袭杀,不容埔逸。其败则四散,追之不及。"

综上所述,我们认为,草原文化所留给我们的财富,不单单是对少数民族地区文化、经济发展的影响。"世间一切可持续利用的资源的最高层次在于文化资源,文化资源已经是前人对一切可利用资源加以利用的结果,是历史上无穷无尽的人的智力资源的结晶。"[3]

置于历史长河中看草原文化,它是几千年以来的中国历史中最给力的文化。正是由于它的存在,导致了游牧文明与农耕文明的碰撞、交融与合力,形成了中华民族在世界上的最强音。

草原文化的核心价值在于对自然观、人生观、社会观和发展观等重要问题的判断和定位。草原管理文化的载体是草原企业,草原文化渗透在草原企业的组织和制度中,影响着草原企业发展的速度与效率。草原管理文化与生态密切关联,决定着草原经济规模发展的极限。在草原企业组织中,其管理方法都要受到草原文化的影响,同时也生动体现了草原文化的内涵。脱离草原管理文化抓草原

---

[1] Prahalad C. K. and Gary Hamel, "The Core Competence of Corporation", *Harvard Business Review*, 1990, May – June.

[2] 彭大雅撰,徐霆疏:《黑鞑事略》(见王国维《黑鞑事略笺证》),上海古籍书店1983年版。

[3] 缪家福:《全球化与民族文化多样性》,人民出版社2005年版,第261页。

企业管理的提升，是行不通的。

第三节 企业家与战略领导力

一 企业家

《现代经济词典》对企业家的定义是："企业家是能够筹集必需的资金，调动各种生产要素，抓住机会引进一种新产品，一种新的生产方法或者一种改进了的组织管理机构的企业管理者。"[1] 美国管理学家彼得·德鲁克认为，企业家是革新者，是善于捕捉市场变化，能够引导新的需求、创造新的顾客、开拓新的市场，并为此承担风险的人。剑桥学派的经济学家马歇尔[2]最早认识到企业家的价值，认为企业家有自己的洞察力和创新力。能够发现和消除发展市场的不均衡性，指出生产方向，组织生产要素，创造交易的机会和效用。企业家是敢于冒险和易于承担风险的特殊阶层，是解决企业成长过程中各种难题的关键力量。企业规模越大，企业的风险越大，企业家的作用就越重要。美国著名经济学家保罗·A.萨缪尔森也认为，企业家要有眼光，有创造力，有新思想，企业家创新的关键在于技术创新。企业家在经营中能够推出新产品或降低以前产品的成本，从而使企业产品具有较强的竞争力。

企业家作为经济发展中的财富创造者，在社会发展中也常常扮演重要角色。因此，随着社会的发展，企业家的内涵也发生着变化。

熊彼特首先提出了"企业家创新"的观点。特别强调企业家的职能在于创新和实践。提出企业家必须不断地在企业经济结构内部进行"革命性突变"；对旧的生产方式进行"创造性破坏"，最终实

---

[1] [美] D.格林沃尔德主编：《现代经济词典》，商务印书馆1981年版，第217页。

[2] 阿尔弗雷德·马歇尔：《经济学原理》（上卷），华夏出版社2001年版。

现企业生产要素的新组合，推动国民经济主体向前发展。

现代奥地利经济学家柯兹纳（Kirzner）（1973，1979）提出了"企业家的发现"的观点。认为企业家作为经济行为人的杰出代表，有其独特的心智结构和知识存量。企业家的天赋是发现（discovery），天然具有一种捕捉市场信号的特殊能力，同时，能够对捕捉到的市场信息做出与众不同的解释。

美国管理学者 Miller（1983）最早提出了"公司企业家精神"的观点。企业家精神是企业家追求利益和不确定性的行为方式，是一种对经营模式的思考方式。

Sandberg 指出，公司企业家精神是企业家精神和战略管理领域的结合的核心，这是企业家观点与战略管理最早的交叉。Michael 等（2001）[1] 认为，战略管理中的企业家是指战略型企业家，企业家精神与战略管理中的"企业家"并非同一个概念。

在国内的管理学界，贺小刚[2]认为企业家是以经理、厂长等高管阶层为载体。但并非所有的经理、厂长等高管阶层都是企业家。唐震等[3]引用柳传志的观点，认为把股东经理人定义为企业家并不是充分条件，例如张瑞敏、倪润峰都不是股东，但他们的职责又是为企业的根本利益、长远利益负责。企业做得好，能感受极大的精神愉悦；做不好，从物质到名誉，承担着很大的风险，他们就是中国职业企业家。郎咸平则指出，作为中国职业企业家，除了要有较高的经营管理水平外，还必须有高尚的道德品质，承担起信托责任。不能将功劳归于自己，而将责任推给股东、国家和社会。

任霞（2007）[4] 通过分析企业成长与企业家成长的关系，在企

---

[1] Michael M., *Entrepreneurial Intensity: Sustainable Advantages for Individuals, Organizations, and Societies*, Westport, Connecticut, London, 1998.

[2] 贺小刚：《企业家能力评测：一个定性研究的方法与框架》，《中国社会科学院研究生院报》2005 年第 6 期，第 125—130 页。

[3] 唐震、廖泉文：《企业家精神与战略管理》，《经济导刊》2007 年第 7 期。

[4] 任霞：《集群式中小企业的企业家能力研究——以武汉市为例》，硕士学位论文，华中农业大学，2007 年。

业成长的不同时期，分别对应了创业型企业家、创业型经理人和管理型企业家等。高伟凯等（2005）[①] 按照企业家能力，把企业家分为宏观上把握企业发展方向能力的企业家、协调人际关系能力的企业家和解决企业生产和销售等技术业务能力的企业家。

综合以上国内外管理学者对企业家的认识，我们可以知道，在不同的经济时期，对企业家的要求及认识并不相同。

二　企业家领导力

20世纪30年代至70年代，国外主要从领导者的素质及性格特征、领导者的行为和领导环境对领导方式的作用三个方面对领导问题进行研究，并相继出现了领导特质理论、领导行为理论和领导权变理论。

领导特质理论主要指美国斯托格第尔（Ralph M. Stogdill）的十类领导特质理论。他对领导特质研究后认为，领导者应该具备十个方面的素质能力，如成就、韧性、宽容、洞察力、影响力、主动性、自信心、责任感、协调能力和社交能力。随后，诺思豪斯（Peter G. Northouse）[②] 也提出了领导力的主要特质即自信、才智、正直、决策力和社交能力。到70年代末，领导特质理论发展为魅力型领导理论。

领导权变理论包括美国著名心理学家勒温（Kurt Lewin）的领导风格理论、美国俄亥俄州立大学领导行为的研究者提出领导四分图理论（1945）、美国的行为科学家罗伯特·布莱克（Robert R. Blake）和简·莫顿（Jane S. Mouton）提出的管理方格理论（1964）；以及美国行为领导学家坦南鲍姆（R. Tannenbaum）和施米特（W. Schmidt）提出的领导连续统一体理论等。

领导权变理论发展于赫塞—布兰查德的情境理论，是一种重视

[①] 高伟凯、王荣：《企业家能力与企业绩效》，《现代经济探讨》2005年第10期，第53—56页。

[②] 诺思豪斯：《卓越领导力》，王力行、王怀英等译，中国轻工业出版社2003年版，第10页。

下属的权变理论。领导权变理论的研究始于美国领导力发展中心的创始人保罗·赫塞（Paul Hersey）和肯尼斯·布兰查德（Kenneth Blanchard）的共同创立领导生命周期理论。指出世界上没有一成不变管理模式，认为管理有艺术，领导者是善变的，他们指出领导的有效性依赖于情境因素，并且情境因素可以被分离出来。美国学者卡什曼（Cashman）认为，领导不是一个人的事情，它源自个体内部的某个地方，通过七种路径实现由内至外的领导。这七种路径从领导能力开发的角度讨论了领导力。包括目标控制、变化控制、人际控制、本质控制、平衡控制、行动控制和个人控制。美国学者哈维·罗森（Rosen）则提出领导者的八项要素，即信任、前瞻性、多样性、创造性、求知精神、笃实精神、参与意识和集体意识。而保罗·赫塞（Paul Hersey）强调领导力是对他人产生影响的过程，即领导力就是影响力。1978年，詹姆斯·麦格雷戈·伯恩斯（Burns）对政治型领导人进行定性分类研究，提出领导过程应包含交易型和变革型两种领导行为，这一分类为领导行为的研究开辟了新的思路。领导行为理论认为情境因素决定着领导行为与领导的有效性之间的关系。

但在企业管理实际中，要随着企业的内外条件随机应变，不存在普遍使用的、一成不变的、最好的管理理论和方法。领导权变理论的提出显然弥补了这一缺陷。

领导权变理论包括伊利诺伊大学的菲德勒（Fred E. Fielder）的有效领导的权变模式（菲德勒模式）；加拿大多伦多大学的豪斯（R. J. Hoarse）（1971）融合了领导理论和动机激励理论，提出途径—目标理论；弗洛姆（V. H. Vroom）和耶顿（P. W. Yetton）（1973）提出的不同的领导权变理论（决策参与理论）；美国学者克里斯·阿吉里斯（Chris Argyris）以探索领导方式对个人行为及其在环境中成长的影响，提出不成熟—成熟理论。权变理论的代表作是美国管理学家卡斯特和罗森茨韦克的合著《组织与管理：系统与权变的观点》。而对于实践者，领导权变理论又显得过于复杂。于是，心理学家巴斯（B. M. Bass, 1985）以一个"走在大街上的"普通人的眼光看待领导行为，在此基础上正式提出了交易型领导行为理论和变革型领导行为理论，并得到广泛关注和研究。

后来，詹姆斯·柯林斯（James Collins）的第五级领导人理论、美国管理学者保罗·赫塞（Paul Hersey）和肯尼斯·布兰查德（Kenneth Blanchard）的魅力型领导理论的出现，成为现代领导学的重要基础理论。美国著名学者詹姆斯·库泽斯和巴里·波斯纳[①]认为，领导力是领导者激励人们在组织中自愿地、能动地发挥出不平凡才华的能力。领导力不是少数几个、有超凡能力的领袖型人物的专利，也不完全取决于领导者的人格魅力，它是一种能通过领导者的共同实践，提炼出的领导力素质模型。

从20世纪80年代起，战略管理理论开始从战略领导、战略思维两个领域，深入企业经营管理者领域。阿代尔[②]提出战略领导活动的本质特征是对整体负责，而不是对部分负责，战略领导层是处于组织顶端的最高领导者。

三 企业家战略领导力

早在20世纪80年代，阿代尔[③]就提出，企业家战略领导力是企业家领导能力在企业战略管理过程中的体现。罗伯特·哈格罗夫认为，战略是决定命运的关键，比战略重要的是领导力。在诸多领导者中，战略领导者的领导力尤为重要，在诸种领导力中，战略领导力尤为重要。

目前，学术界对于战略领导力的概念，尚未达成共识。中国科学院领导力课题组[④]在全面、系统、深入地分析战略利益相关方和战略情境的基础上，把战略领导力定义为领导者提出并能实现愿景的领导能力。美国索西克（J. J. Sosik）等认为，战略领导力是聚焦

---

① ［美］詹姆斯·库泽斯、巴里·波斯纳：《领导力》（修订第3版），李丽林等译，电子工业出版社2004年版。
② ［英］约翰·阿代尔：《如何培养领导者》，中国人民大学出版社2007年版，第89、92页。
③ 同上书，第54页。
④ 霍国庆、苗建明：《战略领导力模式研究》，《领导科学》2009年第2期，第7页。

战略的领导能力，它是通过准确地把握商业机会，有效地整合人员、技术与工作流程，为股东、员工和社会创造社会经济和智力价值的连续过程。英国克罗斯安（M. Crossan）、美国维拉（D. Vera）和加拿大南加德（L. Nanjad）认为，在剧烈的动态环境中，战略领导力就是卓越领导力（transcendent leadership）。卓越领导者是指可以实现领导组织，影响他人及自我领导的领导者。奥地利 Innsbruck 大学教授海因特哈伯（H. H. Hinterhuber）和弗雷德里奇（S. A. Friedrich）认为，战略领导是把愿景转化为结果的艺术和科学。战略领导力包括确立愿景、塑造榜样并具备为企业创造价值的领导能力。Christensen[1]认为，领导者能够洞察事物的发展、以灵活的状态指导企业组织进行长期规划的能力就是战略领导力。美国弗里德曼（M. Freedman）和特里戈（K. Tregoe）在《战略领导》中认为，战略领导力的核心任务就是通过向全体成员传递令人振奋的战略愿景，使之认同且愿意为之付出努力；战略领导者的具体任务就是选择、实施、监控并修正战略愿景。

瑞典学者菲利普·多迪[2]强调领导者必须通过战略联盟和相互的信任，与外部机构建立有效的关系。战略领导人要着眼全球的战略性计划、开发和管理，把领导者愿景与市场经济和机会相联系、把企业、网络和区域领导能力相联系，愿景和范围是战略的双重前沿。

美国克雷格·赫克曼和麦克尔·斯尔瓦的《创造卓越》提到企业家应具备四种战略领导力：战略思维能力、想象力、应变能力、理解和体贴下属能力。美国豪斯（R. J. House）和阿迪亚（R. N. Aditya）[3]认为，战略领导力的任务是明确战略方向、确定战略目标、

---

[1] Mintzberg, *Mintzberg on Management Inside Our Strange World of Organizations*, China Machine Press, 2007.

[2] 菲利普·多迪：《跨区域战略领导力》，周海琴译，经济管理出版社 2008 年版，第 3—10 页。

[3] 中国科学院领导力课题组：《战略领导力模式研究》，《领导科学》2009 年第 2 期。

规划设计组织、协调利益相关者、实施战略决策、选择关键管理者、配置核心资源。德国的阿贝尔（D. F. Abell）[1]提出，战略领导力应包括以下六个方面的内容：①首先明确使命与愿景；②把企业的短期和长期目标纳入战略愿景中；③洞察战略资源、企业商机和企业责任的内在联系；④分析内外部环境、确立战略重点；⑤认识竞争层次；⑥在单一产品和细分市场的层面制定战略。

汉姆布瑞克（Hambrick）和皮特哥茹（Pettigrew）[2]运用领导力的相关理论提出了领导力和战略领导力的差异性。领导力是组织中各个层级的管理者都能具有的，而战略领导力是组织中各个层面的高层领导人所具备的。美国的纳哈温蒂（Nahavandi）[3]认为，以往对领导者的研究，没有区分出领导者层次上的差异。她把领导分为宏观领导与微观领导，称对整个组织产生影响的宏观领导者为战略领导者。美国的柯林斯（J. Collins）在《从优秀到卓越》中提出了第五级领导人体系即第一层次领导人指具备优秀个人能力的人，第二层次领导人指善于合作的团队领导，第三层次指具备管理能力的高级管理者，第四层次是指有超强能力的领导人，第五层次是指领导人有激情，对下属有吸引力，愿意帮助下属，能把个人的谦逊品质和决心结合起来，保证连续的杰出领导人。

德鲁克认为，管理的最高境界把哲理与信念付诸实施，而不是执行规章制度。2002年，德鲁克为《战略的挑战》（美国加州克莱蒙特管理学院院长所著）作序提到：在我们不久的将来，仍有可能是动荡、多变的年代。领导者是否有独特的能力，分析竞争环境并制定企业战略，尤为重要。美国威尔逊（I. H. Wilson）也认为，在急剧变化的环境中，可以从社会、文化、行为、道德、战略五个方

---

[1] 中国科学院领导力课题组：《战略领导力模式研究》，《领导科学》2009年第2期。

[2] Mintzberg, *Mintzberg on Management Inside Our Strange World of Organizations*, China Machine Press, 2007.

[3] 纳哈温蒂：《领导学》（第4版），王新等译，机械工业出版社2007年版，第200—220页。

面来描述战略领导力，但重点是确定并坚持战略方向。奥地利海因特哈伯（H. H. Hinterhuber）和弗雷德里奇（S. A. Friedrich）则给战略领导力指明了提升方向：提出愿景、使命和战略；塑造文化和形象；创造关键的核心价值。

综上所述，目前对战略领导力的定义，主要突出了战略愿景、组织的整体平衡、领导者自身及对情境的控制和战略结果。

四 国内战略领导力理论

自改革开放以来，西方管理学科的战略管理学在国内也开始崭露头角，在中国管理学界，战略管理学已逐渐成为引人注目的新学科领域。国内的一些学者主要从文化和领导力的角度，积极探索中国情景下的企业家战略领导的概念与理论（见表2-1）。

表2-1 国内战略管理理论的近期发展：领导力与文化的视角

范畴理论	战略理论	代表者	理论视角	研究方法	分析层面	a本土化程度/b关键概念
战略领导	企业家能力	贺小春	学习理论	理论分析定量实证	个人/企业	中度/企业家能力结构
	企业家能力结构	张焕勇	领导力理论	理论分析定量实证	个人/企业	强度/企业家能力
	CEO领导行为	王辉	领导理论	探索性归纳	个人	中度/任务、关系导向
	愿景式领导行为	贾良定	领导理论	探索性归纳	个人	中度/改进者
文化背景与战略	管理文化角度的战略	张阳	社会心理学哲学	分析与整合	社会	强度/文化传统、战略、自觉创新

资料来源：根据武亚军[①]（2010）整理。

---

① 武亚军：《中国战略管理学的近期发展：一种本土视角的回顾与前瞻》，《管理学报》2010年第11期。

揭筱纹[1]认为，战略领导能力包括战略规划能力和战略创新能力，通过战略规划能力，能够使企业家抓住稍纵即逝的机会，始终走在正确的道路上；通过战略创新能力能够使企业充满活力，克服各种路径依赖，获得可持续发展。王辉、忻蓉、徐淑英[2]的研究把CEO领导行为分为任务导向和人际关系导向，企业CEO的领导行为影响企业业绩和员工态度。其中，任务导向型的领导行为与企业业绩正相关；人际关系导向型的领导行为与员工态度正相关，对企业的经营业绩影响主要通过员工态度。

余来文等[3]认为，企业家的战略领导能力称为将来的能力，与企业家的洞察力、贯彻力有机结合起来，来改造、更新与超越现有能力，并通过积累企业以往的资源与能力而形成解决未来问题的能力，这种将来的能力关系到企业的持续发展。

贾良定、唐翌、李宗卉等[4]对中国企业家愿景式领导进行实例研究，按照中国企业家案例式的出版物数据来源，把企业家分为易变者、创造者和改进者，认为最成功的企业家类型是改进型企业家。这类企业家既重视市场和产品，更重视内部管理，在处理利益各方的关系时，有着超强的远见和洞察力。

本书认为，草原文化环境为草原企业家群体，提供了深厚的人文基础，草原企业家在处理问题的时候，善于从实际出发，机智、灵活、富于胆识、充满独特的创意，具有标新立异、敢想、敢闯、敢试、敢干、敢于争先的草原企业家地域群体性格。草原企业家不仅致力于文化的兼容并蓄，而且在构建草原企业国际化过程中，与

---

[1] 揭筱纹：《企业家战略领导能力与企业发展——基于两个农业龙头企业的案例研究》，《管理案例研究与评论》2009年第2期，第27—37页。
[2] 王辉、忻蓉、徐淑英：《中国企业CEO的领导行为及对企业经营业绩的影响》，《管理世界》2006年第4期，第87—95页。
[3] 余来文、陈明：《企业家的战略能力研究》，《华东经济管理》2006年第4期，第123—125页。
[4] 贾良定、唐翌、李宗卉等：《愿景型领导：中国企业家的实证研究及其启示》，《管理世界》2004年第2期，第84—96页。

不同的企业交往、碰撞、交流，强化了创新思维、开放的态势和富有动态的战略特征和性格特征，形成了草原文化影响下的企业家独特领导力。这种领导力极大影响着草原企业经济体的整体绩效。

总之，近一段时间内，对企业及企业家的文化背景与战略领导力结构特征的研究，是国内战略管理研究的重点。特别是在二者的结合上，即从文化的角度探索企业家领导力，也成为研究者所关注的重点。"现代市场经济发展的根本趋势，就是经济与文化的一体化发展，就是经济发展对劳动者素质的要求越来越高。"[①] 这种形势下，本书把具有战略特征的草原文化纳入对企业家领导力的研究，就是对国内战略领导力理论的有机补充。

---

① 周明甫、金星华主编：《中国少数民族文化简论》，民族出版社 2006 年版，第 377 页。

第三章　草原文化环境下的
　　　　草原企业家渊源

春秋中期，商贾从属于官府，地位很低。到中晚期以后，随着经济的发展，工商业才渐渐从官府的约束中解脱出来，独立经营，因商致富。而到战国时期，许多政论家主张"重本抑末"，认为商人靠剥削农民和手工业而致富，损害了国家和君主的利益，对手工业、商业进行压制和打击，当时经商之路并不通畅，但在草原区域，商人阶层常常受到草原地区执政者的青睐，并得到来自上层的支持，在草原地区经济、政治、军事中起到举足轻重的作用。

第一节　草原经营文化的萌芽

草原经营文化的雏形奠基于周王朝时代。周武王第三子、周成王之弟唐叔虞受封唐国，即有历史上"桐叶封弟"的典故。周成王以"诰命"要求叔虞到唐地后，必须实施"启以夏政，疆以戎索"的治国策略。即按照古唐地的风俗，而暂不实行以周礼为中心的宗教制度，另外，按草原游牧民族的生产和生活方式，设疆界、分配牧场，不推行实行周王朝统一规定的井田制度。这些政策的实施，成就了历史上的"唐地特区"。唐地，也就是后来春秋晋国的所在地，从制度上具有了独特且鲜明的草原文化的烙印，在历史上成为早期晋商的发祥地。晋商的最早记载，出现在晋国时期，历经"开放关市，招徕商家，以有易无，各得所需，四方来集，远乡都到"。

(《礼记·月令》)① 春秋时期的晋国疆界，地处草原，以游牧业发达。晋文公时期提出"通关、易道、宽贾、通商"。即开放国门与其他国家进行贸易往来的"通关"；修建草原丝绸之路便于通商并减少关卡设置的"易道"；"宽贾"意味着从制度政策上扶持商人，降低税率，提高商人的地位；"通商"即确定了晋国的基本国策：改革开放，大力发展商业经济。到战国时期，三家分晋的魏国在魏文侯的治理下，继续发展商业，在三晋中最早奠定霸主地位，其国师为"晋之大驵"段木干。所谓"大驵"，就是当时的马匹交易的大经纪人，由此可以判定，当时魏国的商业发展程度很高，出现了专业的经纪人，而且也说明商人在当时的地位之高、能力之强，对当地经济与政治都有一定影响。

《史记·货殖列传》中提到，晋国的计然在草原生活期间，常常学习观察大自然，后来便擅长从事物刚露出端倪的时候就知道事物的发展规律。《史记》中提到的"计然之策"的典故就是说明事事相克、物物相关的道理。他的"贾人旱则资舟，水则资车，物之理也"的战略理念与他的徒弟范蠡提出的"贵上极则反贱，贱下极则反贵"的战略价值，应该来源于当时草原上商人的实践经验与理念。

周人猗顿接受陶朱公范蠡的"欲速富，当畜五牸"建议，也移居到晋国的草原上经营畜牧业并取得了巨大成功，并以此为基础，实施了多元化的战略选择，建立起自己的商业王国。太史公评价说"长袖善舞，多财善贾，其猗顿之谓乎！其才能聚，又复能散"。赞誉当时以猗顿为代表的草原商人们富裕之后，没忘记造福当地社会，其商业行为包含了一定的社会责任。猗顿定居在草原之地，依靠草原资源而致富，最终成为颇有影响力的大商人。他对战略接班人的选择尤为重视，他没有把企业交给三个儿子去经营，而是将三个儿子分到三个畜牧点经营畜牧业，通过三个儿子的分散经营来培

---

① 李永福：《中国晋商成功之道》，内蒙古人民出版社2009年版，第327页。

养接班人。

这些古代草原商人的战略领导才能与古代唐地的商家们所遵循的"务完物,无息弊"的商业伦理和"簿饮食,忍私欲(媷),节衣服,与用事僮仆同苦乐"[1]的吃苦耐劳、同甘共苦的领导品质结合起来,便构成了古代草原商业文化的完整体系。

第二节 古代草原商人概述

在《史记·货殖列传》中,司马迁直接指出,所谓货殖是指商人利用各种手工业,以及农、牧、渔、矿山、冶炼等行业的货物,所进行的生产、经营与交换的商业活动,即"滋生资货财利"。

一 红顶商人乌氏倮

夏、商、周至秦朝,游牧的戎族在古六盘山地区一带(今固原市原州区境内瓦亭一带)聚居,秦惠文王在位期间(公元前337—公元前310年),在乌氏戎族的主要聚居地设立乌氏县。以后的史书便称他们为乌氏戎。《史记卷一百二十九·货殖列传》(第六十九)还记载:"乌氏倮畜牧,及众,斥卖,求奇缯物,间献遗戎王。戎王什倍其偿,与之畜,畜至用谷量马牛。秦始皇帝令倮比封君,以时与列臣朝请。"[2]白话文的意思是,乌氏倮经营畜牧业,牲畜养到很多时就全部卖掉,然后求购奇美的丝织品,暗地送给戎族国王,戎王以十倍价值的牲畜补偿给他,使他的牲畜多到不能以头数计,而要用山谷来做计数的单位。秦始皇命令倮比照有封地的贵族,按时与大臣到朝廷谒见皇帝。

倮,秦朝北地郡人,居住在乌氏县境内,《史记》称乌氏倮,古六盘山地区水草丰美,适宜发展畜牧经济。乌氏倮便利用得天独

---

[1] 李永福:《中国晋商成功之道》,内蒙古人民出版社2009年版,第328页。
[2] 司马迁:《白话史记》,庄万寿译,新世界出版社2007年版,第1145页。

厚的自然优势，养牛、放羊、牧驼马，倮成为当地一个拥有大量的马、牛、羊的大牧主。

秦始皇统一六国后，设有专门管理牛马的机构即太仆寺，并制定了《厩苑律》《牛羊律》等畜牧保护条例，以促进畜牧业生产与交易。又在全国范围内统一货币，秦朝的商品流通愈加便捷。

乌氏倮最早看清了行业本质，既坚持戎族的传统的生产方式，也遵循着秦朝的产业政策，更能敏锐地洞察到商机，他果断地卖掉全部的马、牛、羊，作为第一笔资金，踏上企业纵向（垂直）之路。倮到中原收购珍异物品以及丝绸等日常生活品和生产用品，带回牧区出售并换取牲畜，同时积极营造良好的生产经营环境，经常以奇美的丝织品等进献给戎王。戎王也以价值十倍的牛羊赏赐给他。就这样，乌氏倮的纵向（垂直）的业务布局已呈可持续发展的势头。

秦始皇时期，乌氏倮所拥有的牲畜，以当时的统计方法已无法计其数，只能"用谷量牛马"即以所承载牲畜的山谷数为计量单位进行计数，简单的匹、只、头等计数单位已无法准确统计他的企业成品数。

公元前220年，秦始皇巡视陇西、北地郡，耳闻并目睹了乌氏倮以垂直一体化的产业管理模式发展畜牧业，极为赞赏，且龙颜大悦，认为他的管理思维和行为利国利民，能力非凡，于是特别要求倮比照有封地的贵族一样，与秦国的大臣们按规定时间进宫朝见，参政议事。这样，乌氏倮的政治地位也就相当于同期的王侯，成为草原历史上第一个红顶商人。

（一）垂直一体化战略

在现代管理学中，纵向（垂直）一体化就是战略规划，是企业依据自身的实际情况和竞争环境来确定现有经营业务扩展的一种发展战略。它是企业的生产经营领域向原料供应或产品销售环节扩张的战略形式。它的优势在于确保供给和需求。也就是说，纵向（垂直）一体化可以控制企业的上下游环节随意中止交易的不确定性。

乌氏倮本身就是一个大牧主，为确保供给和需求，首先，用收购的珍异物品以及丝绸等日常生活和生产用品与其他牧主换取牲畜；其次，关注重点大客户，积极发展对外贸易，把奇美的丝织品献给秦朝以外的戎王，戎王又以价值十倍的牛羊赏赐给他。这样，乌氏倮就建立起了自己的稳定的产品来源与稳固的进货渠道。把关键性的产品资源和销售渠道控制在自己的手中，既保护了自己原有的经营范围（成为秦朝最具实力的牧主），而且扩大了经营业务（成为秦王重视的大商人），同时还防止竞争对手进入本企业的经营领域（间献遗戎王）。使企业的定价（收购的珍异物品以及丝绸等日常生活和生产用品与其他牧主换取牲畜）有了更大的盈利空间，从而获得高回报的利润（戎王又以价值十倍的牛羊赏赐）。

（二）领导力的战略特征

乌氏倮宏观在胸，微观在握，作为历史上第一个直面现实的草原企业家，看到远大的发展方向，敏锐地洞察到商机，也把握好每一个发展机遇。他果断地投身到商业领域。应该说，他的分寸掌握得恰到好处。面对秦朝便捷的商品流通和有利的竞争环境，乌氏倮卖掉全部的马、牛、羊，依靠自身的雄厚实力采用垂直一体化战略，打造一条集畜牧业和商业销售于一体的产业链条。其背后的商业逻辑正是秦始皇统一六国后，制定了畜牧保护条例，在全国范围内统一货币，促进畜牧业的生产与交易。

乌氏倮是牧主、商人，更兼具了草原文化中的政治智慧。他经过十几年的发展，已经成为秦朝最具实力的畜牧业企业。乌氏倮便利用得天独厚的自然优势和秦朝的产业政策的优势，养牛、放羊、牧驼马，倮成为拥有大量牲畜的牧主。他在畜牧产业能力越来越强、越来越好的情况下，却全部卖掉，然后积极向流通领域拓展：不但朝商业销售方向发展，如到中原收购珍异物品以及丝绸等日常生活和生产用品；还面向上游的牲畜产品来源发展，与其他牧主换取牲畜，同时积极营造经营环境，经常把奇美的丝织品献给戎王。戎王又以价值十倍的牛羊赏赐给他。乌氏倮建立起自己的稳定的产品来源与进货渠道。戎王不但成为他的企业支持者，同时也成为他的战略伙伴。

企业实行一体化战略，更多地在于通过与他人合作来提高自身的收益与竞争实力，这足以体现一个企业家的聪明才智。这种合作应基于利益的一致性，如果这种一致性表现在企业特性和草原传统文化方面，以加固的共同利益为基础，行动一致，就会形成共同理想，组成草原战略联盟。

能被司马迁列入《史记·货殖列传》的，也只是几代商人中的20人，其中就包括著名的范蠡、子贡等人。而远处草原的乌氏倮却跻身其间，这足以说明乌氏倮所经营的畜牧业在当时的影响之大，其商品流通的经营管理成就之高，其控制不同战略合作对象和经营环节的领导能力之强，这在重农轻商的封建社会，确属难能可贵。

二 丝绸之路的草原商人

（一）草原丝绸之路

丝绸之路是对中国历代王朝与周边地区及其他国家进行贸易交往的主要商业通道的固定称谓。近代史学界认为中国历史上的丝绸之路应该有五条，影响最大的是西北绿洲丝绸之路，这条丝绸之路起于长安经河西走廊通向西域；最有名的茶马蜀道，这条丝绸之路自成都经滇西通向南亚；最有效益的是海上丝绸之路，自南宋起这条丝绸之路自泉州经台湾海峡通往东南亚；高原丝绸之路自长安经青藏高原通向南亚；而起步最早、经历最久、时间最长、覆盖地域最广、通道最多的丝绸之路古称为草原丝绸之路。兴起于大禹时代的草原丝绸之路自夏代至民国初期，延续上下约4000多年，覆盖整个北方中国。

草原丝绸之路多为官办驿道和贡道，在中原与草原地区之间有着稳定的、大宗的商品贸易。

中原与草原地区的自然环境差异很大，经济结构亦大不相同，所以易形成相互依存的经济关系。草原民族向中原民族提供牛、马等牲畜，极大地推动了中原农耕文明的发展，也深刻影响着中原民族的生活习俗，如"胡风南渐"的现象。同时，中原地区提供的大量生产、生活资料，也促进了草原地区的开发与繁荣。

（二）草原丝绸之路的历史变迁

1. 商人是草原丝绸之路的起源

《史记·五帝本纪》记载，黄帝因发明了车辆，故被称为轩辕氏。他出身于北方的有熊氏（以熊为图腾的游牧部落），其统一众多游牧与农耕部族后，积极推动草原牧区与中原农区的物物交换，要求"大夫散其苞粟，与其财物以市虎豹之皮"。这一时期，主导着草原与中原地区贸易的是商部落（居住在史称紫蒙川或砥石地方的）。紫蒙川或砥石地方就是今内蒙古东南部的赤峰市红山、老哈河地区。商部落的始祖名契，契的母亲叫简狄，是当时的草原上戎族的女子。商部落在契的领导下，举族从事贸易活动，故被称为"商人"也叫"商族"。商人向南越过燕山，进入河北的易水流域，然后渡过黄河进入中原，或向东南，到达渤海湾地带，再沿山东半岛一线，开辟了最早的草原贸易通道。

2. 草原商人在丝绸之路历史变迁中的作用

商人建立的殷商朝，农业、畜牧业、手工业、商业都十分发达，草原丝绸之路也异常繁荣。《诗经·商颂》中玄鸟篇："邦畿千里，惟民所止，肇域彼四海。四海来假，来假祁祁"和殷武篇："自彼氐羌，莫敢不来享，莫敢不来王。曰商是常"都指氐、羌等北方草原民族朝贡及各民族间贸易频繁的盛况。草原民族戎、狄被周武王征服后，"放逐戎夷泾、洛之北，以时入贡，名曰荒服。"《国语·周语上》则记载了周王朝时期的朝贡贸易，朝贡贸易的通道成了早期的草原丝绸之路。

秦始皇设天下三十六郡后，为方便运输，修筑秦直道和北方边郡大道。起点就在秦云阳县（今陕西省淳化县），途经陕北，到达鄂尔多斯高原，并直驱九原（今内蒙古包头市）的秦直道，全程为秦制"千八百里，路宽50步"。北方边郡大道起于碣石（今河北昌黎县），经燕山南麓，过雁门、达云中、渡黄河、遇上郡（今陕西省的榆林市）直抵咸阳。

草原文明与中原文明、西方文明的交汇地是匈奴统治中心龙城，此时也成为四通八达的草原丝绸之路的中心。而源于大鲜卑山（今大兴安岭北麓嘎仙洞）越过阴山的拓跋鲜卑，统一中国北部后，史又称北魏。北魏的草原丝绸之路东西有五条：由平城起，穿云中至统万城（今乌审旗南的白城子）、越阴山至大潭南沿（今锡林郭勒盟的苏尼特右旗）、过牛川（今乌兰察布市的察右后旗克力孟古城）至和龙（今辽宁省的朝阳市）、经盛乐至五原及至安北六镇以及安北六镇间的交通要道；南北走向、通往漠北的草原丝绸之路也开辟了五条：盛乐经白道至鹿浑海的道路、张掖经居延至塞北行、牛川至弱洛水、五原至兔园水（今蒙古国的图音河）、已尼陂（今俄罗斯贝加尔湖）至石水（今蒙古国的齐老图河）。[①]

漠北的草原丝绸之路在隋、唐期间已成为突厥五可汗之间的交通要道；在漠南草原丝绸之路形成了以定襄为中心东西延伸的道路；自漠南通往漠北的草原丝绸之路还有白道、卢龙道、黄龙道、幽州道、恒安道、夏州道、灵武道7条南北大通道。唐贞观四年，大唐统一大漠南北后，在阴山南麓设置三座受降城，以此为支点形成大漠南北干道相连的道路交通网络，极大地促进了草原贸易的发展。

蒙元时期是草原丝绸之路最为鼎盛的时期。成吉思汗及其子孙西征前，匈奴西迁、突厥西迁、契丹耶律大石西迁并建立西辽国，草原丝绸之路成为草原文明融合中原文明、中亚文明、西亚文明、欧洲文明的纽带。横跨欧亚的蒙古汗国成立后，世界的政治经济版图被彻底改变。草原丝绸之路推向欧亚大陆，设置上都（今内蒙古锡林郭勒盟正蓝旗金莲川）和大都（今北京城），元上都和元大都，功能都偏重于政治与商业贸易中心，并有三条主要交通驿路连接，

---

① 内蒙古公路交通史志编委会：《内蒙古古代道路交通史》，人民交通出版社1997年版，第186页。

有站赤（驿站）制度加以完善。通过草原丝绸之路的欧洲、阿拉伯、波斯、中亚的商人往来于中国，在元代，在交通枢纽处设有车站，约有站车 4000 辆；全国设有驿站，约有 1519 处。商队不绝于途。① 窝阔台汗为方便贸易，"诏印造交钞行之，与银并行流通"（《元史卷二·太宗纪》）。

草原丝绸之路的兴衰对中原与草原地区的社会变迁至关重要，商路通则罢兵休战，社会发展，民族融合；商路不通则烽烟顿起，兵戈相向，相互掳掠。

辽国早期，以朝贡和互市的方式与周边各政权、各民族进行经济往来。在新城（今河北省新城县旧城）、朔州（今山西省朔州市）设置榷场。与北宋在边境地区，进行长时间的互补性交易。"起榷务以通诸道市易"，并相继建成了重要的商业城市辽五京和羊城。随着辽国的农业、畜牧业、手工业的发展，交换逐渐频繁，商业活动也日益活跃。②

明朝正统年间，在大同，蒙古与明朝开展互市贸易。不久，明朝就单方中断互市贸易。漠南蒙古的阿拉坦汗通过战争，要求明朝互市。明朝中叶，明战败，被迫与蒙古达成开边互市的贸易协议。共设 13 处互市场所，沿长城线东至宣大、西至延宁开放，两地军民互相贸易，交易量巨大。③ 辽宋时期，由于商业的快速发展，一批成功的商人阶层出现在草原地区，例如辽太宗时期，辽朝商业贸易代表、回图使乔荣，早期在后晋经商，后又作为使臣与后晋交涉政务。再如西京归化州的韩师训也是富甲一方的草原商人。他在辽五京经商，同时往来于辽、宋朝及五代诸国之间，从事着利润丰厚的边贸生意，同时成为代表辽朝，与周边政权办理交涉事宜的使臣。

曾经的草原丝绸之路塑造了许许多多的古代杰出商人，也书写

---

① 德山：《元代交通史》，转载《元史·兵志·站赤》，远方出版社 1995 年版。
② 《中国古代经济简史》，复旦大学出版社 1982 年版，第 150 页。
③ 内蒙古公路交通史志编委会：《内蒙古古代道路交通史》，人民交通出版社 1997 年版，第 191 页。

了草原文化的伟大篇章。今天作为我国"向北开放"的桥头堡，蒙古高原上的草原丝绸之路必将重现辉煌。

三 来自晋商的旅蒙商

晋商是指明清期间以乡土关系为纽带特征，在北方中国最具经营实力的山西商人群体。晋商与徽商并列中国十大商帮之首。晋商除了清初的八大皇商以外，乾隆中后期形成的旅蒙商影响最大。

《中国商脉》评价晋商为"粗陋殷实"，总结晋商共有六条致富之道。第一是全面介入商业领域，追逐利润；第二是扩大经营规模；第三是介入长途贩运贸易，贱买贵卖；第四是艰苦创业，珍惜信誉；第五是重视信息，预测行情，垄断市场；第六是放高利贷。[①]明清期间的山西已是传统的农业经济地区，而蒙古草原地区地广人稀，以畜牧业为主，与山西分属两个不同经济带。异质经济区域具有互补性，晋商便在内蒙古经商，调剂着不同经济区之间的贸易需求。《晋商史料研究》认为，清朝康熙亲征准噶尔部的叛乱时，大量晋商随军进行贸易，随大军一同进入外蒙，兼顾牧民生意，草原市场渐渐形成规模。清军撤兵后，商人们则留在蒙古地区。之后，留在张家口的晋商也到了内外蒙古，从事草原贸易。[②]

乾隆中后期的晋商以内外蒙古为贸易重心，以草原丝绸之路为商品转运的枢纽，从全国各地组织货物包括茶叶、铁器、布料、生烟、木碗、丝绸、中草药等，运到东口（张家口）和西口（前为杀虎口，后为归化城）集散；而从蒙古地区运回的商品，有牛、羊、马、皮毛等。后来，旅蒙商就专指在蒙古地区做生意的晋商。

在蒙古地区的旅蒙商须办理清朝理藩院颁发的通行许可证（民间称为"龙票"），用来证明合法商人的身份，也是向草原各地官府上缴货税的凭证。1911年，蒙古在沙俄策动下独立，在草原地区经商达100多年的旅蒙商迅速没落，成为草原丝绸之路最后的辉煌。

---

① 范勇：《中国商脉》，西南财经大学出版社1996年版，第46—49页。
② 穆雯瑛：《晋商史料研究》，山西人民出版社2001年版，第172页。

(一) 旅蒙商和草原商业重镇

按清廷规定，理藩院统辖的内外蒙古各盟旗，其王、公、贝勒、贝子都要定期入京朝贺，参加年班、围班。数旗合一盟，内蒙古共设9盟，蒙古共设11盟。[①] 当时称入京朝贺的道路为贡道。康熙征伐噶尔丹叛乱时，为保证军需，在内蒙古设五路驿站，形成了覆盖蒙古草原的道路网络。清朝，张家口、杀虎口和归化城是晋商进入蒙古的三大基地，沿着草原丝绸之路（官办驿道和贡道），他们把内地的货物源源不断销售到蒙古大草原的各个角落，旅蒙商汇聚的众多城镇成为商业枢纽，以内蒙古的归化、包克图（包头）、多伦诺尔、赤峰、经棚、小库伦等地以及蒙古的大库伦、乌里雅苏台、科布多、恰克图等商业中心城镇为中心，四通八达，商路畅通，商贾云集，成为蒙古高原的重要商业城镇。

驿站多设在"水泉佳胜处"，如被誉为"漠南商埠"的多伦，史称多伦诺尔，意为"七个湖泊"。

商人沿着驿站行走，安全系数有保障，而且沿途可得到生活补给。内蒙古地域广阔，人烟稀少，限定了商品的销售速度，特别是游牧地区的人口相对分散，游牧的生活习俗使牧民很难定居下来，所以，旅蒙商的经营活动只能分散进行。追逐牧民的生活轨迹，满足他们的日常所需，成为旅蒙商经营活动的中心环节。

沿驿站及贡道运来的大量商品，开始堆积在固定客栈或临时客栈，后来，旅蒙商应对销售周期长的贸易特点，租用或修建储备货物的货栈，避免了奔波的劳累和风险。旅蒙商从蒙民手中交换来的羊和马，也暂时圈养在自己货栈的周围，以待水草丰美的夏秋季节运回内地出售。这些用于存放货物或暂时寄养羊、马的货栈，往往处于交通枢纽，或是区域中心，或是周边的购买力较强的地方，随着数量与规模渐次扩大，慢慢形成草原上的商业重镇。

例如，包头的发展离不开旅蒙商的贡献，民间传言"先有复盛

---

① 谢俊美：《政治制度与近代中国》，上海人民出版社2002年版，第8页。

公，后有包头城"，而复盛公指旅蒙商祁县乔贵发与合作人秦氏，在包头开设的客栈商号。复盛公买卖兴隆，后又增设复盛全、复盛西商号、复盛茶园等19个门面，成为包头城开办最早、实力最为雄厚的商号。[①] 在清代，包头虽是萨拉齐厅管辖的一个小村落，但它又是"走西口"移民的必经之地。所以，周围地区开发较早，经济较发达，购买力较强，对商品的需求量较大，故众多旅蒙商在此集中经营，最终形成塞外商业重镇。

（二）旅蒙商的经营战略

（1）战略布局。面对草原交通条件对商业活动的限制，为保证销售渠道的畅通，在气候变化无常又恶劣的自然条件和荒无人烟的蒙古地区，旅蒙商商号一般有"驻班"制度，派出的号友，根据距离远近，长年累月活动在蒙古地区，或三年或五年不得回家。

（2）战略选择。盛产茶叶和绸缎的南方是草原商路的起点，恰克图的贸易采购量很大但过程并不长，但是，整个运输过程往往需要半年以上的时间。旅蒙商首先把货物从水路运到汉口，然后组织大量的"骡帮"把堆积的货物统一运到东西两口的物流集散地，在那里有畜养的大批骆驼，专门用于跨越蒙古地区的沙漠和进行"货房"贸易。长距离、长时间的商路运输，其艰辛及沿途气候的变化无常是对旅蒙商人最大的考验。

（3）战略营销。为适应草原民族散居的特点，深知草原民风民俗的旅蒙商人，制定批发与零售并行的营销策略，以适应当地居民的实际生活状况。在草原人民极具信誉的草原文化的感染下，旅蒙商人采取了以货易货和与牧民赊账的信用交易模式。旅蒙商人采取了情感营销策略，加强与草原客户的联系。负责零售业务的商人都学了针灸等简单医疗技术，经商时携带草原上缺乏的常备药，融洽了旅蒙商人和牧民之间的关系，客观上也巩固了草原客源。

（4）战略扶持。荣归故里的草原旅蒙商的示范效应，源源不断

---

① 张正明：《晋商与经营文化》，世界图书出版公司1998年版，第120页。

地推动商人团体的自我发展与壮大。旅蒙商的商号最大特点是很少雇用外地人,这种封闭的用人体制,虽与现代管理理念格格不入,但在客观上,却为旅蒙商的地域性特征创造了独特条件。在山西居然出现了与封建时代"尊孔读经"极不协调的"经商热"。流传至今的许多歇后语和民谚,足以表明一般家庭对子弟的期盼。如秀才进字号——改邪归正;家中有个店——赛过一个县,等等。

四 古代草原商人的战略行为

(1) 规模化的集团管理。活跃在蒙古草原上的商业集团,动辄以万计甚至数以十万计,进入俄罗斯后,犹如野战军团纵横欧亚大陆,活动范围与员工人数均为中外贸易史上的奇观。

(2) 精细化的管理模式。所谓"货房"贸易,即由骆驼驮载商品,沿着一个又一个蒙古包所进行的兜售活动。一般情况下,商队多由四峰骆驼组成,商号的伙计所雇用的蒙民各骑一峰骆驼,再由二峰骆驼驮载物品,其移动的背影好比会动的货房,所以称为"货房"贸易。如从事草原贸易的旅蒙商号,其总号多开设在东西两口中。为了交易便利,在学徒"熬相公"阶段,商号总号不仅进行业务培训和人品磨砺,还组织语言学习。民间流传:旅蒙商有三张嘴,既会说家乡话,又必须学会蒙语和俄语。一旦考核过关,学徒就会被分派到各分号工作。尽管如此,出于熟悉商路和联络感情,以及更深入了解蒙古商情的需要,各分号都要雇用蒙民一同经商。

(3) 垂直一体化的经营过程。古代草原商人的商业活动是个连续的贸易过程,从东、西两口的物流中心,沿官办的驿站和贡道(草原丝绸之路),运输到一个个次级经济中心即后来的草原商业重镇,再由商号员工与雇用的蒙民组成的"货房"进行分散推销。从企业流程分析,每个环节都至关重要,但最为关键的是终端环节的"货房"贸易。"货房"式的分销,既是草原古代商人销售商品的终端,同时又是了解牧民(客户)的真正需求和发现企业商机的渠道。

(4) 民族化的现代管理样式。以大盛魁为代表的归化(呼和浩特）商号群体是中国最早的股份制企业集团群，它出现的年代迄今已超 300 年。最为可贵的是，这种股份制不是从西方现代管理理论中的实践，而是在草原文化的土壤中培育的、具有完全"自主版权"的民族股份制企业。

（5）诚信为本的企业文化。如旅蒙商为代表的古代草原商人在全行业推崇的商业核心，是草原文化中的诚信与忠义。诚信的价值趋向。首先表现在旅蒙商人对关帝庙百般推崇。旅蒙商人出资建关帝庙，其中要义在于以关公的信义精神教育同行；在于倡导主张君子爱财，取之有道；在于对"义"和"利"这对复杂敏感的矛盾体中，表达出有别于传统商人的见解和对古代草原商人的行为约束。蒲州籍旅蒙商人王现最早提出"利以义制"的观点，之后的祁县乔家在草原商业重镇包头城将其发扬光大，提出了"信、义、利"的观点，其中竟然将中国商人所追逐的最重要的目标"利"排在"信、义"之后，可见，在古代草原经商的旅蒙商已形成明确的、以诚信为核心的草原价值趋向。

（6）业内信守的企业操守。古代草原商号对企业形象的重视程度，甚至到了苛求的地步。首先在于店铺的平面商业宣传。各商号的号规中，均有重信义，除虚伪；贵忠诚、鄙利己，奉博爱，薄嫉恨等内容。其次旅蒙商史料中有很多不惜折本亏赔求信誉的商业故事，在各地广为流传，以至于草原百姓在购买旅蒙商所售商品时，只认商标，不重价格。最后是旅蒙商流行推崇关公的商业字号。如比比皆是的天义德、三合成、义和美等字号，其核心仍然在于草原文化中的信义内涵和现代企业的坚守底线的操守观。

第三节 "新蒙商"——现代草原企业家

"新蒙商"是个较广泛的称呼，它是相对于历史上的旅蒙商而言。它是以内蒙古本土企业和外来企业转化而来的本地企业为主体构成的，以民营企业为主要形式，涵盖了从事第一、第二、第三产业的全部企业及企业家。

中国历史上，少数民族地区以畜牧业经济占主导，其他经济成分极少。中国改革开放 30 多年来，特别是 20 世纪 90 年代初以后，伴随着草原地区经济的飞速发展，涌现出一大批具有国内、国际影响力的国有、民营企业及企业家。这里的草原地区经济，是指牧区经营的各种经济活动的总和，即畜牧业之外，还有农业加工、能源交通、商业流通、机械制造、金融服务。"新蒙商"具有鲜明的地域特色和明显的多元一体的特征。它们从渊源到状态的差异很大，但诚信经营、创新发展、共创辉煌的理念尤为显著。其文化内涵体现了热情、开放、自由、和谐、宽容、勇往直前、永不言败的特点。在"新蒙商"人格气质形成中，这些草原文化因子起到关键的作用。

一 "新蒙商"的背景

"新蒙商"是在草原经济快速发展过程中形成的，也是在草原企业构建市场化体系过程中形成的企业家。市场经济就是企业家经济。以内蒙古鄂尔多斯市为例，20 世纪 90 年代初，内蒙古鄂尔多斯市出现了几位领军人物，其中有内蒙古鄂尔多斯集团公司的王林祥，有被吴邦国赞誉为全国煤炭工业的一面旗帜的内蒙古伊泰集团有限公司的张双旺，内蒙古伊化集团、伊科科技有限公司的李武，亿利资源集团有限公司的王文彪。鄂尔多斯市不但大企业多、企业家多，而且是知名企业最多的城市。随后成长的有中国企业成长百强第 8 位的万正投资集团的武世荣，有从库布齐沙漠上摆开战场，做起了沙、草产业的大文章的东达蒙古王的赵永亮，东方路桥的丁新民，蒙西水泥的刘埃林，兴泰置业的高星等民营企业家。全市规模以上的工业企业厂长、经理有 1089 人，已经形成了一个新蒙商（企业家）方阵。[①]

---

① 尹志等：《走向世界的企业家"方阵"》，《内蒙古日报（汉）》2006 年 8 月 25 日第 1 版。

草原文化对本土与本地企业和企业家有着深远的影响。草原企业长于对外来思想文化的兼容并蓄，能达到对自身文化传统的进一步丰富和升级。这种开放性特征，与企业战略领导理论所强调的创新思维和开拓进取精神相吻合。草原企业和企业家以超前构筑、创新发展、人才使用为前提，在战略思维及规划优势上做到取长补短，自发地弥补草原企业家在学识修养上的不足。草原企业家成为经济领域最活跃的群体，其成长的路径就是把战略的、宏观的东西，转变为全方位的，对每个人、每件事、每个环节的全面控制和清理。[①] 其成长路径有以下四条：

路径之一：新蒙商有关注生态的战略偏好。新蒙商的代表王明海是原鄂尔多斯羊绒集团常务副总裁，后以敢于担当市场风险的决断力和胆识，投身于恩格贝生态治沙当中，成为草原生态实体产业的领军人物；亿利集团总裁王文彪关注草原生态，在草原沙漠中发现市场机会，建成了"七星湖"沙漠生态旅游区，还在库布齐沙漠中兴修了三条穿沙路，为库布齐沙漠的治理奠定基础。

路径之二：新蒙商有信赖人才的管理传统。只有信赖人才、使用人才、留住人才、投资人才，抢占科技制高点，企业的竞争才有完胜的可能。2003年，伊泰集团的张双旺在企业的发展阶段，就为企业设立担当中国天然碱巨头的愿景。他出手大方，果断决策，主导伊泰集团控股了中科院山西煤化院，并亲自把中国建材研究院副院长聘请为子公司蒙西集团的副总经理，并委以重任。企业家能力就是整合机会、整合人才、整合人心，企业家经营企业其实就是经营自己的领导能力，企业家领导艺术就是能发现有人比自己更优秀。草原企业家，亿利资源集团的王文彪能够对煤化工专家张立军推心置腹，并以当年年薪百万的天价聘请其担任了亿利资源集团执行总裁，为企业做大、做强、做久奠定基础。

---

① 剑峰：《从领导力看企业家能力》，《中国现代企业报》2006年5月9日第A04版。

路径之三：新蒙商有维护信义的竞争优势。在市场竞争中，诚信是最易被忽视的方面；而在市场合作中，诚信又是最关键的因素。草原文化培育出的诚信经营品牌，给草原企业留下一笔宝贵的财富，全力维护这一品牌，将形成强大的市场竞争力。

路径之四：新蒙商有传承发展的内驱动力。在中国的企业界，能真正在塑造企业文化上下功夫并有能力取得相对成功的企业家，似乎并不多见。而草原文化却在企业界形成了独特传承和发展的传统，相对于旅蒙商而言，新蒙商就是一种传承与发展。所以，新蒙商塑造企业文化的能力较强，以草原文化的强大的融合性和开拓性，在国内外企业环境中，形成了一支重要的经济力量。新蒙商谋事的能力就是洞察与胆略，他们超前构筑、创新发展，以冒险的勇气承担创新的后果，保证了草原现代企业发展速度。否则企业家会因性格上的"短板"，导致企业的发展速度不能尽如人意。虽然企业还可能在发展，但发展速度太慢，必然被原先的竞争对手超越，失去原先所占据的行业地位。所以，新蒙商的成长的路径必须置身草原的市场经济中，放马掠地，马踏飞燕。

二 背景分析

具备草原文化底蕴的新蒙商善于分析环境，把握时代的特点；善于发现和利用资源、开发和整合资源，在文化层面、战略层面、运营层面突出草原企业的核心竞争力（见图3-1）。

实施环境		
文化层面	运营层面	战略层面

↓ 形成

草原企业家战略领导力	
经济、社会 自然环境与资源	平衡、和谐 持续发展

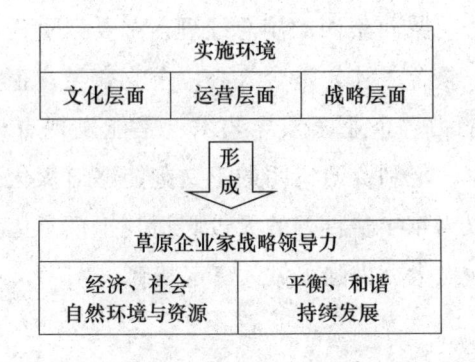

图3-1 草原企业家战略领导力的实施环境

首先，在草原文化层面，形成草原企业家的战略想象力和洞察力。草原上经商有正确的经营观和使命感。在企业战略管理中，草原企业家要考虑到利用自身有效的资源，洞察行业变化的细微之处，规划与草原文化的核心价值一致的企业发展未来。并思考在草原脆弱的生态环境中，以一种合作方式与各种商业要素联盟或者竞争，并满足消费者的需求，从而实现草原企业价值的创造。在这种草原文化影响下的思考与观察，能认识到战略思考的价值，形成科学有效的战略管理和信息化管理体系。

其次，在战略层面，形成新蒙商的战略联盟力和感染力。企业家战略领导力的高度在于包容性。未来的企业组织架构是一个世界性的组织，合作是基本形式，所有产品都是各个独立企业合作的结果。只有和企业的客户、供应商以及战略合作伙伴有和谐的战略合作关系，企业家才有能力调动他们的积极性，激发他们的创新潜力，为企业联盟谋求最大化的利益。所以，新蒙商树立大局观和提升战略意识，使草原企业既融入其发展环境，又要超越其发展环境，同时在战略领导过程中要持续选择，并拥有一整套凸显创新性、融合性又有差异化、个性化，符合社会需求的商业模式。新蒙商要以企业愿景来吸引适用的企业专业管理人员，要根据企业愿景来选择业务组合和最优的业务模式来安排人才，要制定规章制度使企业人才接受草原文化核心价值观。新蒙商的战略联盟能力和感染能力是决定草原企业不断成长、持续发展的根本所在。

最后，在运营层面，形成草原企业家的战略应变力和扶持力。新蒙商洞察草原企业及其环境的发展规律，充分把握尊重规律和创新求变的关系，规划建立强大的信息源渠道，能够具备一定的预见风险、评估风险、防范风险和化解风险的危机意识；能够合理选择使用忠于企业、理解企业愿景的下属来实施最佳决策，以及培育战略接班人的战略领导能力。

新蒙商所具备的大格局与高远见，保证了草原企业长期成功和持续追求卓越，其关键的领导能力就是草原企业家的战略领导力。

在人们崇尚绿色、关注生态、重视生活质量的时代要求下，草原文化内涵的企业品牌越来越受到市场的欢迎。与此同时，依托草原文化深厚底蕴的新蒙商或者称草原企业家，已经作为一个具有广泛影响力的企业家群体，走向全国、走向世界。他们在创业之初，锻造出来的吃苦耐劳、自强不息、百折不挠的精神；在草原生活方式中，培育出来的博大胸怀和开放豪迈的性格；在认识自然社会和人际交往中，形成了敬仰英雄、忠诚信义、注重平衡的基本准则；在管理企业过程中，体现出机智果断、细致入微、善于应变、把握时机的战略品质。这些草原企业家身上，具有一种企业家精神。这种与企业家战略领导力相一致的精神，需要我们系统挖掘汲取，并发扬光大。

第四章　草原企业家战略领导力的界定及构成

战略领导力既与战略管理相关联,也涉及领导和文化管理学的专业知识,正如约翰·阿代尔所说,战略领导力是特有层级的领导者所应具备的根本性、关键性的领导能力,是肩负战略职责、为整体行事、职位权力与非职位权力统一于一体的能力。

第一节　草原企业家战略领导力概念的界定

企业家是一个经营企业的专家,企业家基本定位是企业专业的专家,企业家首要任务是要掌握决定着企业前途与命运的企业战略。一个不懂战略的企业家不能称为企业的专家。艾伦科沃(Elenkov)、乔治(Jujge)和赖特(Wright)(2005)[1]将企业家的战略领导力定义为形成未来愿景并将其传递给下属,能刺激和激励追随者,能与他们进行战略支持方面的交流等过程。

一　草原企业家战略领导力概念

在现代市场经济的锻造下,草原文化影响下的企业家领导力,其内在价值就是释放员工的潜能,平衡企业与个体、自然社会之间

---

[1] 转引自菲利普·多迪《跨区域战略领导力》,周海琴译,经济管理出版社2008年版,第110页。

的需求，体现自然生态和社会责任的理念；外部价值在于利用、控制分布在全球范围的资源，实现以最合理的成本产生最大的附加价值，并为企业创造可持续发展的和谐环境。

草原文化影响下的企业家战略领导力，指草原管理文化中积淀下来的独特领导品质，如激情、想象、开放、包容、合作、诚信、应变、关爱等因子，渗透到地域优势、资源条件、政策倾斜和自然环境的要求中，潜移默化地影响着企业及企业员工的行为。如表4-1所示。

表4-1　　　　　　文化层面的企业家战略领导能力

让下属认为有发展前途	让下属对企业有归属感
1. 企业的战略愿景	1. 企业文化
2. 感染并激励下属	2. 经营理念
3. 培养培育下属成为接班人	3. 应对变化

以文化为背景，界定战略管理过程的企业家领导力是一个比较新的研究方向。定义草原企业家战略领导力，需要从草原文化的内涵中挖掘，要从文献、案例和访谈中获得依据，重点是要在草原企业家的管理实践中获得检验。

二　与中原企业家领导力的差异性

世界知名的财经刊物《福布斯》的创刊理念就是："把人性注入商业。"言外之意，地域文化在商业上的折射就是商人的性格。如果以经济学的分析，里面体现出来的道理在于，企业家的各种不同性格，是因为企业家在不同的生产条件下，理性选择的结果。肩负草原企业管理使命的草原企业家，与中原企业家领导力相比较，其独特浓郁的草原地方文化色彩，在企业家性格中的显现，具有明显战略性特质。所以，战略性是草原企业家领导力与中原企业家领导力的最大差异。中原地区的生存空间特点是人口稠密，市场空间相对狭小，历史上的谋生行为其实就是生存斗争。所以隐蔽和小心的现实要求,客观上限制了他们的视野和理想。首先,草原民族自由往来于辽阔的大草原,其中的草原企业家,在崇山峻岭阻隔的地理环境中生存。其一马平川的北方草原地理特征使草原企业家形成了宽阔胸怀和远大理想。同时,"幼子守灶"传统文化使草原家庭的诸子倾向于自谋生计,习惯于很早就规划自己的事业。其次,自由性与组织性的完美结合。草原游牧业本质上要求大规模的集团式发展,草原人民自由的迁移和军民结合的军事体制,也体现了现代企业组织的客观要求。最后,不同民族的融合结果,促使草原民族的条理性和使命感很强。中原企业家的文化传统是家文化,所以倾向于积累、节俭甚至安于现状。草原企业家文化传统教育中是一种危机文化,所以敢于冒险、崇尚英雄、富有抱负,同时,多部落的不断融合,也使草原民族的生产社会方式又极具条理,因此,草原民族天然习惯中,有着非常适合发展现代工商业的禀赋。

由此,草原企业家所具备的关键能力,是洞察力即有眼光;是感染力即敢于冒险的勇气;是联盟力即带领员工一起去追寻远方不可知草原的能力。所以,有视野、有使命、有合作、有变革是草原企业家的四个要素特征,也就是草原企业聚焦于战略层面的企业家领导能力(如表4-2所示)。

表 4-2　　　　　　　战略层面草原企业家战略领导能力

1	提出明确的、清晰的企业战略
2	架构合理的组织结构应对挑战
3	在企业发展的关键期投放资源
4	掌控企业规模与应对各种变化

三　草原企业家战略领导力概念链

草原企业的战略领导者通过联盟和信任与外部资源建立有效的关系,把领导者的愿景与市场机会相联系;把企业范围和区域能力相联系,形成解决企业未来问题的能力,关系到企业的可持续发展。与草原企业家战略领导力概念密切相关的领导概念，主要有草原企业文化情境、战略管理过程中的领导行为和领导思维与知识（草原管理文化），这些概念一起构成了草原企业家战略领导力的概念链（见图4-1）。

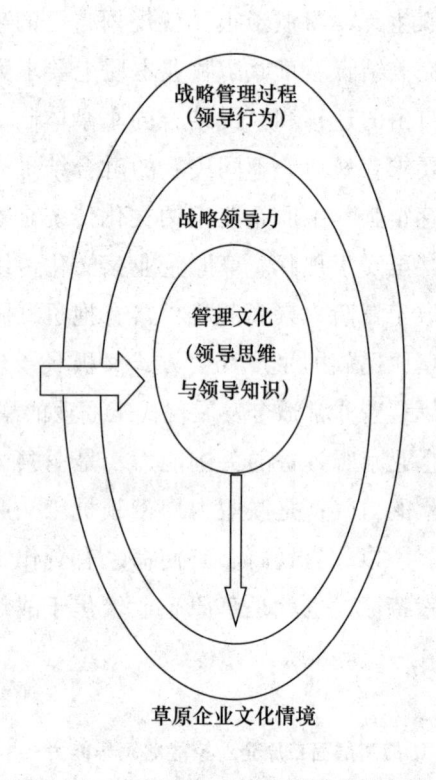

图4-1 草原企业家战略领导力概念链

由图4-1可分析出草原战略领导力概念链各层次要素的关系：

处于第一圈层（核心层）的是管理文化中体现的领导思维与领导知识，它们构成了企业家的基本领导能力，草原企业文化情境和战略管理过程中的领导行为是领导知识与领导思维的主要来源，是现代领导学研究的基本内容。领导思维与领导知识通常也代表着领导能力。

第二圈层的战略领导能力是企业家在经营企业过程中直接或间

接的产物，领导思维和领导知识是战略领导能力的构成和基础。

第三圈层的战略管理过程是由企业家的战略领导行为组成的，其中，在企业战略管理过程中战略领导能力起到关键的作用，它决定着战略领导行为的质量与效果。

第四圈层（最外圈）的草原企业文化情境是指领导背景，也就是指渗透、影响着企业家的战略领导行为、领导素养、领导知识和领导思维等要素。是战略管理过程中，内外环境的各种因素影响领导行为的总和。在草原企业文化情境中，战略领导力作为草原企业家领导力中的关键能力，起到承上启下的作用。其逻辑关系：一方面，在传统草原文化熏陶下，企业家具备了各种领导知识，形成基本领导思维，这些知识与思维具有了清晰的草原文化的烙印。通过企业领导的管理实践，这些知识与思维转化成领导力。另一方面，在企业的战略管理过程中，领导力体现出战略的特征，并深深影响企业战略领导行为，这种战略领导力就是制约企业组织的目标及其实现过程的关键因素。

战略领导力的关键的核心作用提示我们，在对草原文化影响下的企业家能力的研究中，应该将重点转向对战略领导力的草原范式的思考。

第二节　草原企业家战略领导力要素提取

一　要素关系

企业家战略领导力包括基本的战略要素，即战略思维、战略规划和战略决策。

战略思维是一种从整体、本质和未来的角度来思索问题的方式。"战略思维主要从战略层面观察、思考和解决企业管理中出现的问题，从全局和长远的角度把握企业的发展方向。其特点是互动性、整体性、动态性、创新性。"① 战略思维的过程包括了分析和综合、比较与分类、抽象与概括等逻辑思维环节，它贯穿于企业家发现问题、分析问题和解决问题的战略领导过程。

德鲁克认为，战略规划既是一种思维方式，也是一种在思想、分析、想象和判断的基础上的应用。在整个企业战略管理过程中，战略规划是一种目的性很强的动态能力，它规划了企业的战略方针、战略重点、战略部署、战略方向以及企业的战略资源，它有目的地控制整个过程，既有创造性，也具有现实性的特征。揭筱纹指出，战略规划能力能够使企业抓住稍纵即逝的机会，始终走在正确的道路上。②

战略决策是立足于关乎全局的、战略的、影响企业未来走向的关键问题而做出的决定。面对企业环境的变化，企业家确立和规划企业发展的战略方向、战略目标、资源分配等战略措施以后，战略决策要应对这个过程中的不可预测的事件，从而保证企业按企业家规划的战略方向行进。欧文·休斯认为，战略决策是影响组织行为的性质、方向和前途的根本性决策，具备全局性、长远性、稳定性和权变性的特征。

这些战略要素实现着战略领导目标，支撑着战略领导行动，控制着战略实施过程中的各种未来和当前的冲突与矛盾。

企业战略预示着企业愿景最终的结局，而企业家战略领导力则贯穿于设立、控制和完成企业愿景的战略管理领导全过程。当草原企业家管理草原企业时，其战略领导力要素在企业战略管理过程的起点、终点和之间的过程中，起到不同的作用。图4-2对草原战略领导力过程进行了描绘。战略领导力的本质就是企业愿景即思维能力（起点）；战略领导力的结果就是决策能力（终点）；战略领导力

---

① 李福海、揭筱纹、张黎明：《战略管理学》，四川大学出版社2007年版，第216—218页。

② 揭筱纹：《企业家战略领导能力与企业发展——基于两个农业龙头企业的案例研究》，《管理案例研究与评论》2009年第2期，第27—37页。

的思维与行动结果之间就是战略规划能力（过程）。

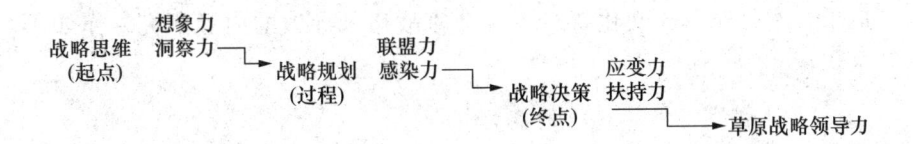

战略思维　　想象力　　　　　联盟力　　　　　应变力
（起点）　　洞察力　→　战略规划　感染力　→　战略决策　扶持力
　　　　　　　　　　　（过程）　　　　　　　（终点）　　　→　草原战略领导力

图 4-2　草原战略领导力过程

二　要素架构

草原企业家领导力研究的主要价值取向是草原文化中的理想性、环境性、共生关系性和动态性的战略特征，它对应了企业家领导力中的想象力、洞察力、联盟力、感染力、应变力和扶持力等领导能力。这些领导力在企业家所要求和所具有的众多领导能力中，恰恰属于战略领导力范畴。因此本书认为，草原企业家战略领导力应该与草原战略特征一致的六种领导能力相对应。其中，草原企业家的想象力、洞察力等战略领导行为取向，与西方战略管理过程中的战略思维具有一定的对应性；草原企业家的联盟力、感染力与战略规划具有一定的对应性；草原企业家的应变力、扶持力则与战略决策具有一定的对应性（见图 4-3）。

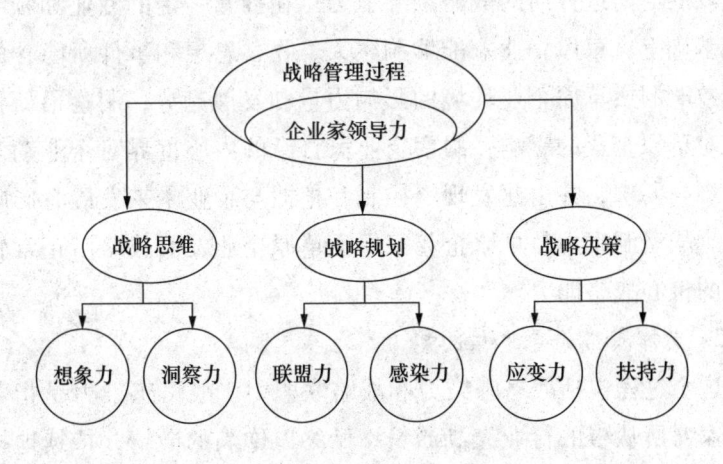

图 4-3　草原企业家战略领导能力的要素及其关系架构

三 草原企业家战略领导力内涵

结合国内外有关企业家领导力和企业家战略领导力的最新研究成果，本书对草原文化背景下企业家战略领导力的内涵研究，作如下描述。

1. 开创战略领导过程的能力

这个过程包括战略想象力和战略洞察力。战略想象力是指草原企业家责任、直觉、发现和联系方面的战略领导能力。在草原文化的熏陶下，草原企业家在企业经济、技术目标与社会生态和持续发展之间，自觉地设立草原愿景，兼顾企业家个人价值、企业成员价值和企业的整体价值，并通过自身努力，对企业的发展方向与资源之间进行平衡和整合。一般而言，具有草原愿景的草原企业家，站得高、望得远、想得到、说得清，能引导和协调企业每个员工的注意力集中到企业组织从未有过的、可实现的、经得起时间考验的企业发展方向和发展目标。企业家的战略想象力，就是企业家存在的终极价值，就是承担对企业、地区、民族、国家及人类社会有贡献的责任。所以，实质上看战略想象力，就是处于战略领导或权力核心地位的草原企业家的战略创造力。

战略洞察力是指草原企业家从行业变化的细微之处，预知企业未来发展与前进方向的战略领导能力。在拥有一定的专业和领导知识的基础上，草原企业家能够洞察人、物、思想和事件所隐含的细微变数。洞察草原企业环境的影响力量和发展趋势；洞察最新科学技术对草原企业的影响；洞察企业家自己的内心世界对企业动态发展的最高要求，并由此发现、控制和把握与企业未来发展有影响的联系。战略洞察力是草原企业家保证草原企业发展战略沿正常轨道前行的核心战略能力。

2. 支撑战略领导过程的能力

这个过程包括战略感染力和战略联盟力。战略感染力是指草原企业家对所从事的行业充满激情，始终以饱满的激情，持续地推动企业管理变革和创新，并极大地调动企业员工的才能和激情。同时，使企业员工在自觉地实现企业愿景的工作中，获得自尊和满足的战略领导能力。战略感染力并不对草原企业组织的物力、财力、技术及员工的技能产生影响，而是着重对草原企业组织的文化价值观，以及员工为草原企业愿景所投入的抱负与激情等精神资源施加影响。战略感染力是草原企业最为重要的企业文化资源。

战略联盟力是指草原企业家通过战略联盟，持续整合、取得并可以自由使用的战略发展资源的战略领导能力。草原企业家为实现企业愿景而必须得到、控制与掌握分布在全球范围的资源。他们采取战略联盟方式，以"当地人行当地事"的传统战略管理理念，与企业的客户、供应商及战略合作伙伴建立和谐的战略合作关系，用最低的成本产生最大的附加价值。在草原企业战略管理理念中，战略联盟力是草原企业家在草原特定环境下所形成的一种战略能力，这种战略能力可以调动合作者的积极性，激发合作者的创新潜力，为联盟企业谋求最大化的利益。战略联盟力的实质就是草原企业与战略联盟伙伴共生发展的能力。

3. 控制战略领导过程的能力

这个过程包括战略应变力和战略扶持力。战略应变力是指草原企业家在实现草原愿景的过程中，面对正在影响企业愿景的各种问题和突发事件，所必须快速采取的、有效的变革决策的战略领导能力。

草原文化的价值源于变革。变革在草原文化环境中是无法拖延的，是草原民族在草原环境下适应生存要求的基本保证，是草原企业文化发展内涵的永恒话题。所以说，草原企业家要协调草原社会、企业、个人三个层面的变革要求，适应变革、引领变革是草原文化的核心基础。

企业的战略应变力要求草原企业家面对变革、快速接纳，尽快适应，并能有效控制变革所产生的风险，做战略变革的领导者。

战略扶持力是指草原企业家为超越自己、把企业接班人问题放到草原企业战略高度来思考、衡量、操作，并致力于培育战略接班人的战略领导能力。草原企业家有限的战略领导能力与变幻莫测的商业世界和脆弱的生态环境始终存在矛盾,解决的办法就是草原企业能培育出超越企业战略领导人的接班人,这就是战略扶持力的魅力所在。被誉为"全球第一CEO"的杰克·韦尔奇就曾说过:"我们能做的就是把赌注压在我们所选择的人身上。"

所以,草原企业家的战略扶持力所关注的企业战略领导人更替的问题,绝不是企业家个人意愿的问题,更不是企业家的私人问题,而是事关企业战略与管理的重大问题。战略扶持力既是企业战略领导力过程的终点,也是企业新的战略领导力过程的起点。

第三节　草原战略领导力识别体系

草原企业家战略领导力行为识别体系,是草原企业家战略行为的综合表现,它是以明确而完善的战略经营思维为核心,在管理手段、组织构建、企业文化、社会沟通、企业制度等方面,表现了草原企业家的创新行为。它通过企业家的各种战略思维或行为,观察、归纳和推行草原企业核心管理文化的理念,是一种动态的识别形式。

草原企业家战略领导力行为识别体系是草原核心文化在企业系统中的外化表现。草原企业家对草原企业进行调查研究和战略思考后,提出企业愿景,以自身的领导力等动态因素来传递企业核心价值,塑造企业的良好形象,贯彻企业战略经营思维和理念。草原企业家战略领导力行为识别体系包括内部行为识别和外部行为识别两大部分,几乎体现了企业全部的经营活动。

草原企业家战略领导力内部行为识别活动体现在两个方面。首先是科学构建企业的战略行为,包括确定企业组织形式、健全企业组织机构、有效确定管理幅度、合理规划企业部门、理顺企业运行机制、完善企业主体架构。其次是加强企业内部的凝聚力和向心力。加强内部宣传，建设企业文化，关心企业员工的生活、利益和发展前途。

草原企业家战略领导力外部行为识别活动，主要是展示草原企业的动态形象，提升草原企业知名度和美誉度，包括四种方式：

（1）企业规划：通过市场了解消费者的消费心理，进行战略思维和规划。

（2）企业营销：企业家通过广告、促销、赞助、捐赠等有特色的行动，来完成企业产品销售的动态过程。

（3）产品研发：企业对新产品的研发是展示自己形象和理念的最佳时机。

（4）企业公关：公共关系和公益活动是提升草原企业形象极其重要的手段之一。

以草原企业实例分析草原企业家战略领导力行为识别体系：

内蒙古伊泰集团有限公司现有总资产695亿元，下属大型企业包括内蒙古伊泰煤炭股份有限公司、伊泰煤制油有限责任公司、伊泰准东铁路有限责任公司、呼准铁路有限责任公司、中科合成油技术有限公司、伊泰置业有限责任公司等42家直接和间接的控股公司，主要生产、经营煤炭并延伸到铁路运输、煤制油、房地产开发、生物制药、太阳能等产业，是中国企业500强的第237位、全国煤炭企业百强的第18位的大型现代化能源企业。2012年7月12日，公司所属的伊泰煤炭股份有限公司在香港联交所成功发行H股，成为煤炭行业首家B股上市公司。[①]

1988年，企业创立之初的企业精神是"诚信严谨、团结奉献、勤俭务实、创新卓越"。2001年，董事长张双旺在企业改组为股份制后，基于集团发展战略的重新定位，提出家以方圆、感恩回报的战略文化目标，建立完整的战略领导力体系（见表4－3）。

---

① 伊泰集团网站（www.yitaigroup.com/），2013－03－05。

表 4-3　　草原企业家战略领导力识别体系和指标

识别体系	识别指标	识别内容	草原企业案例（以伊泰集团为例）
精神要素	使命与愿景	想象能力	使命与愿景：国家能源体系节点，企业利益相关方合作平台；成为煤及煤化工产、运、贸一体化国际产业集团
	价值核心	想象能力	核心价值：百年伊泰·用心传递能量
	目标文化	感染能力	目标：家以方圆·感恩回报
	支撑体系	洞察能力	传统文化支点：诚信和谐文化
			企业精神：诚信、尽责、创新、奉献
			经营理念：以客户和战略协同价值为基础，创造公司价值最大化
			企业道德：诚信重诺、自知之明、遵纪守法、大局意识
			员工作风：谦逊勤俭、真诚务实、量力尽力、团结协作
			管理思想：人本、简约、效率、适控
行为要素	团队精神	联盟能力	没有完美的个人只有完美的团队
	关系沟通	联盟能力	宽容 坦诚 尊重 互动
	资源整合	联盟能力	我的伊泰 我的家
环境要素	危机预控	应变能力	圆文化：维护环境，减少与利益相关方摩擦的方法态度
	战略变革	应变能力	创新文化：创新意识、创新理念、创新环境
	接班培养	扶持能力	伊泰强调员工是最重要的资产，尊重员工价值、关心员工成长，使员工真正成为伊泰的主人

一般来说，草原企业家战略领导力识别体系由三个要素构成，即精神要素、行为要素和环境要素。它们既相对独立，又相辅相成，进而综合形成一个有机的整体。

一　战略领导力与企业精神要素

企业使命是企业存在的理由和价值。伊泰的使命是从国家能源战略大局出发，以符合产业政策和科学发展观的经营形态，维护国家能源体系的安全和能源资源的高效利用，同时促进区域经济协调发展，并通过资源整合与产业协作实现各相关方利益格局的最优化。伊泰的使命体现了经济、社会和文化的多重价值和内涵的统一。

企业愿景是指企业将成为什么样的企业。伊泰的愿景是进入煤炭行业第一发展集群，成为国际化、专业化产业集团，通过以煤炭产、运、贸相关产业纵向一体化运营模式打造核心竞争力，并通过国际化、专业化系统运营能力实现企业与员工价值最大化。

面对伊泰企业达到的庞大规模，草原企业家张双旺坚持要顺应时代大势，要按照企业自身的发展规律循序渐进，要有危机意识但不必人为地把发展速度减下来，所以，伊泰在选择新的项目上，创新能源供求模式，为企业规划出更为广阔的成长空间。面对国内缺乏能源，而富煤地区的运输又难的现状，既是先行者，也是探索者的伊泰集团紧盯煤基合成油项目。这个项目在世界上只有南非耗时50年、耗资70亿美元所建成的三期煤制油工厂。难度如此之大，张双旺决断时，提出关乎国计民生的大事，伊泰企业有能力，也应该主动去承担这种风险。2006年，具有完全自主知识产权的伊泰煤制油核心技术通过了国家科技部的"863"项目的验收。

2002年，伊泰集团委托华点通国际顾问咨询有限公司整理了草原企业文化，提出了"百年伊泰、用心传递能量"的核心价值观，建立伊泰自有的企业文化体系，使伊泰集团核心价值与目标文化，走向卓越。

伊泰文化体系中的重要价值目标是家以方圆、感恩回报。"方"体现了企业的规章制度和原则、纪律文化、流程文化，象征稳定、效率、原则、个性；"圆"象征了灵活、适应、变通、和谐，体现了伊泰企业维护环境，减少与客户、利益相关方摩擦的方法态度。伊泰"家文化"的最高境界是"感恩回报"，是解决新时期企业主要矛盾，培育企业核心竞争力的重要思想，是草原企业家战略感染力的重要体现。

伊泰提出感恩文化是指知恩者乐、报恩者得、施恩者福，即对自然为伊泰集团提供的优质资源怀着感恩的心情；对社会为伊泰集团提供的发展环境怀着感恩的心情；对国家为伊泰集团提供的政策支持怀着感恩的心情；对创始人为伊泰集团所做的杰出贡献怀着感恩的心情；对员工为伊泰集团提供的辛勤劳动怀着感恩的心情；对客户为伊泰集团提供的价值交换怀着感恩的心情；对伊泰集团为员工提供的发展空间怀着感恩的心情；对伊泰集团为员工提供的薪酬福利怀着感恩的心情。报恩者得：回报团队、回报家人、回报客户、回报股东、回报社会、回报资源，从而获得健康心理与健康行为。

伊泰文化支撑体系包括：（1）企业精神：诚信、尽责、创新、奉献；（2）企业经营理念：以客户价值和战略协同价值为基础，创造公司价值最大化；（3）企业道德：诚信重诺、自知之明、遵纪守法、大局意识；（4）工作作风：谦逊勤俭、真诚务实、量力尽力、团结协作；（5）管理思想：最少的人创造最大效益，即人本、简约、效率、适控。

伊泰诚信和谐文化则通过从客户到供应商的全程供应链管理，实现客户价值、战略协同价值及公司价值的平衡，建立可持续发展的利益平衡格局。伊泰的第一个项目是开办砖窑，由于民工违章操作造成重伤，砖瓦厂关闭；第二个项目是开办小煤窑，由于矿址选择失误，投资失败；第三个项目看好的大理石市场，却波动很大。亏损了借款的一半，张双旺明白一旦企业散了架，一起打江山的兄弟们，就到了山穷水尽的地步，作为领导者的张双旺甚至做了最坏的打算，回老家种田还债。这时，国家铁道部运力不足，所以一直鼓励企业自购自备车皮，商机被张双旺看到了，他做出了伊泰集团发展过程中最为重要的决策：购买自备车皮。但是，比决策更难的是买车皮，张双旺四处奔波，申请到了购置10节车皮的通行证。之后，张双旺和创业者们又想尽一切办法筹集资金，连续购置车皮并开通了联营煤矿以及煤炭转运站，打通了煤炭运输业整个链条。创利税 3100 万元，全面超额兑现了承包合同。伊泰从 5 万元起家，三年间便成为鄂尔多斯高原的支柱企业。

市场的纷繁变化使张双旺意识到，伊盟煤炭发展的"瓶颈"就是运输，他开始把目光投在企业基础设施的建设。1996 年春，张双旺提出修建准东铁路的战略规划。张双旺借鉴神华集团修建了铁路，用蛋糕越做越大的案例，分析伊泰所处的内外竞争环境，认为伊泰成为铁路企业才能把握住煤炭运输的主动权，才能拥有煤炭市场竞争的技术实力，才可能参与到更大市场的竞争，为企业创造最大的生存空间。如果仅仅依靠汽车运输，在市场竞争中随时都会处于被动。修建准东铁路，这是企业大发展的契机，势在必行。面对领导层的反对，经过深思熟虑后，张双旺力排众议，决策修建准东铁路。

与西方管理理论中的决策程序相悖。张双旺在准东铁路项目立项前，他又决定投资 600 万元，委托铁道部第三设计院设计准东铁路项目。这一超前而大胆的冒险举动意味着，如果国家不立项，这提前投入的 600 万元巨款就变成了无用的图纸。张双旺下的棋虽险，但更妙，因为伊泰的准东铁路项目的设计规划最好，最专业，在众多申报项目中便脱颖而出，国家计委很快审批通过。2000 年 12 月 16 日，总投资 25 亿元的准东铁路建成通车，实现年运量 1000 万吨以上，每年可节省运费 1.2 亿元，准东铁路带给伊泰巨大效益。

二　战略领导力与企业行为要素

在伊泰，领导者与员工的战略关系沟通，体现在宽容、坦诚、尊重、互动上。企业家的战略沟通是企业家与员工之间思想与感情的传递和反馈的过程。在沟通前，企业家要宽容，要常常换位思考；在沟通时，企业家要坦诚，要光明磊落、充分体现出对员工的信任，减少误会和误解；在沟通中，要尊重员工，要以尊重作为与员工沟通的基础，降低沟通成本，提高沟通效果；企业家的战略沟通最为关键的环节是互动，使战略管理过程中沟通渠道畅通。2001 年，伊泰集团投入 7.6 亿元建成的蒙西水泥有限公司，从集团中独立出去，伊泰集团实力大减。张双旺依然相信伊泰的未来，依然相信自己的追随者，依然无所畏惧。他对伊泰的员工说，伊泰的事业不能垮，伊泰要借此轻装上阵。

伊泰改制顺势而行，张双旺的420万元要素股被取消，与全体员工一起持股转换身份。伊泰向地方财政净缴纳现金5.3亿元，国有资产全部退出。

张双旺的身份置换后仅得到了4万元。但他公开对伊泰员工讲，大家相信我，"如果这是一场战争，只要战场上还有一个站着的人，那一定是我"。①

张双旺的信心和行动，让全体职工看到了希望，也体会到"我的伊泰、我的家"的价值内涵，使伊泰的员工有一种与伊泰企业血肉相连、心灵相通、命运相系的感觉。伊泰集团转变为一个完美的团队，其精神就是尊重、自律、结构共担、边际贡献、内心动力。在"我的伊泰、我的家"的驱动下，做好每一件事情，去面对每一个客户的企业员工行为，体现出伊泰企业与伊泰员工共同的精神气质。这次重组，伊泰的人力资源与企业行为也得到了最好的整合。

三 战略领导力与企业环境要素

伊泰现象的本质其实是创新，创新是伊泰文化的重要支点，是伊泰发展和超越的基石。伊泰企业的环境要素的内核就是草原文化中的创新环境、创新意识和创新理念。可见，创新环境是草原企业的最优环境。

1. 伊泰崇尚简约的战略创新意识

伊泰的发展选择了精简机构、简化程序、简约问题。提出简约出速度、创新出效率、尽责出效果。在人力资源管理上，伊泰集团以科学组织体系为基础，伊泰集团的每个煤矿里，只配备矿长、采掘规划技术人员、财务人员、工程技术人员、安全及部分管理人员。把经营管理和采掘生产分离。年产煤炭2000万吨的伊泰集团只

---

① 内蒙古伊泰网站（www.yitaigroup.com/），2012–11–29。

有 2500 名职工，而同等产量的其他国有煤矿，员工一般都在 3 万—8 万人。

2. 伊泰提倡共赢的战略创新理念

伊泰分解企业生产环节，把采掘和运输环节与社会或其他组织合作，共同生产、共同发展。首先，把整个采掘生产整体外包。把具有资格证书的采掘工人组成独立核算的、与企业没有隶属关系的采煤队，然后伊泰集团与他们签订集体受雇合同。其次，与当地社会战略合作，完成企业的企业运输任务。其合作方式是由伊泰集团出资购入运输卡车，交由当地司机承包使用，扣除各种费用，这些当地司机收入可观，特别是在两年或三年内，完成规定的运输量后，运输卡车也变成了司机的个人财产。在当年的伊泰集团，每天运输原煤的卡车有数千台，但这些卡车司机却不是伊泰的员工。所以，伊泰集团没有出现严重的员工及设备老化的问题，不仅如此，还为当地人民提供了就业及致富的机会，真正做到了企业与社会的"双赢"。

3. 伊泰企业环境的优化创新

伊泰集团的运煤车承包制引起当时社会的质疑，其实这是一次于企业及社会均有益处的变革，是企业吸引社会资源的早期尝试，是优化企业社会环境的"双赢"战略，张双旺从伊泰集团战略的长远考虑，为提高资源的配置效率，为企业的生存和可持续发展环境布局。既避免大企业病的提前发作，又改善了企业的外部环境。从战略联盟的一方战略合作者——社会司机的角度分析，使用伊泰提供的车，虽然修理车的费用和加油费用由司机自己承担，但是，由于 2—3 年后，车就变成社会司机自己的财产，且每月还有两万元的工资补贴，所以，伊泰企业的计划运量得到充分的保证，公司的卡车也得到良好的保养，从战略上确定企业与员工的倾心合作。就战略联盟的意义来说，伊泰是战略联盟的一方。企业始终没有出现在其他地区的企业里所常见到的、机构臃肿的运输分公司以及众多无法从事司机行业的员工队伍和不断增加的破旧卡车。这是企业、社会和员工多赢的战略合作模式。

4. 伊泰接班人与企业共进退

伊泰强调员工是企业最重要的资产。伊泰尊重员工价值、关心员工成长、发掘员工潜能、激发员工活力，使员工成为伊泰的真正主人。吸引大批有才能的技术、管理、营销等方面的年轻人才，进入企业领导班子。张东海是在伊泰集团最困难的时候，辞去自治区政府的领导职务，带着提高产品综合效益的新理念出任了集团子公司的总经理。他四面出击，走访客户，稳定优质客户。与国家科研院所合作，建设"伊泰洁净煤"品牌，提高了产品和企业的知名度，也使"伊泰"商标成为煤炭行业中第一个中国驰名商标。张东海扎实、稳健、果敢的工作作风，赢得了伊泰人广泛的信任。2004年6月8日，执掌伊泰集团16年的张双旺，把经营权交到张东海手里。① 同时，张双旺以独特的战略洞察力，为伊泰的新班子定下三条领导策略："一是绝不能占公家和朋友的便宜；二是绝不能患得患失，裹足不前；三是一定要果断坚决，敢做决断，勇于负责。张双旺还说，伊泰的新班子有生机、有创业激情，但还稚嫩了一些，需要扶上马，送一程的。"②

第四节　研究草原企业家战略领导力结构

草原文化影响下的企业家面对复杂的现代企业管理环境中，必定存在能够应对各相关利益者所要求的品质和能力。我们对内蒙古西部地区的中小企业进行问卷调查，问卷调查涉及的企业高层和企业的中层管理者共450人。通过对问卷调查表的统计分析，得到问卷调查结果。首先是问卷的所有选项都有人选择，说明这些选项对领导人而言都是重要的。其次是被访者虽然担任的管理层级不同，

---

① 内蒙古伊泰网站（www.yitaigroup.com/），2012-11-29。
② 王明丹：《伊泰创新精神》，内蒙古伊泰网站（www.yitaigroup.com/），2012-07-11。

选项内容也大不一样，但是，合作、诚信、有激情、有雄心大志、培养下属、洞察机会、有预见性、主意多（富有想象）、善于变革等十个选项内容，其每一项都有超过40%的人选择。

由此可见，这十项内容的内在价值对于草原企业家而言，其重要性不言而喻，同时也说明草原企业管理层对企业家战略领导力的要求和文化的认同上是有共性的。

一　草原企业家战略领导力结构

草原企业家领导力模型是对所研究对象的战略领导能力的一般概括。这些能力构成了战略领导力的关键要素，它们的结构方式就是战略领导力模型（见图4-4）。

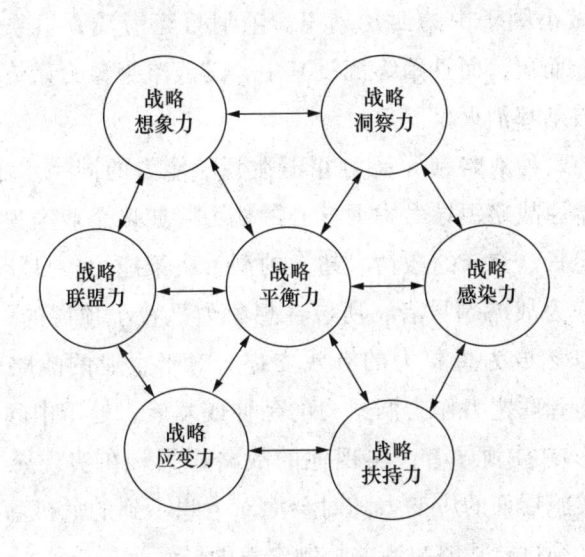

图4-4　草原企业家战略领导力结构

二　结构解析

草原文化影响下的战略领导能力是独特的、明确的，有别于其他的领导能力。其能力建构彼此关联、相互联动。首先，从合作的角度看，这六种能力之间都存在合作的可能，关键在于各主体之间能否实现互动、共同指向平衡能力。其次，从互动的角度看，这六种能力的任何两方互动，必定影响并可能增加或提升其他主体的能力。最后，从结构的角度看，这六种力量间的任何两方互动中提升都无法突破平衡力的制约。在企业家领导活动实践中，往往只有少数卓越的企业家才可能把模型中的六种领导能力发挥到极致，做到企业家战略领导能力的全面发展。而对于绝大多数草原企业家而言，在草原文化的熏陶下，他们或多或少都拥有了这六种领导能力，但这些领导能力的发展是不均衡的，甚至在一种或几种能力方面存在着"短板"。企业家这种不均衡的战略能力，往往会制约着企业组织的可持续发展。犹如集勇、智、胆诸多优秀战略领导品质于一身的项羽，却有衣绣夜行的情结，而且战略想象力严重不足，竟然追求做小圈子中的西楚霸王。项羽目光短浅，想象力空间狭隘，如沐猴而冠，而且始终沉浸其中，其战略想象力始终得不到提升，最终被刘邦消灭。

这里的六种战略领导能力并不在领导能力的同一水平。其中，想象力是草原战略领导力中最核心的能力。如果企业家失去令人振奋的企业愿景、充沛的激情、超人的洞察决策能力，只能是管理者而不能修炼为战略领导者，所以，想象力是置于顶层的领导能力，而洞察力自然成为想象力的有效支撑。对于企业的战略领导者而言，感染力和联盟力作为洞察力的延伸或发展，处于中间层面，其职责就是影响被领导者，实现他的战略愿景。在实现愿景的过程中，处于实施层面的应变力随时会面对意想不到的危机和挑战，所以企业家必须进行战略决断并控制突发的局面。

提升以后的企业家战略领导力能否有新的超越，取决于扶持力的大小。扶持力是战略领导力的结果，也是提升后新的战略领导力构架的基础能力。

这六种战略领导力之间是一种合作关系，具有平衡的内在要求，强调各种领导力之间的整体性和动态性的阴阳平衡。它保证了组织适变、应变和良性健康的发展。草原企业家在战略管理实践中，提升自身战略领导能力，需要从五个方面做起。第一，要认识到草原企业的实质是一个利益共同体，战略领导能力就是要兼顾利益相关方包括直接与间接、显性与隐性、社会和自然的利益。第二，企业家要持续建立与企业内外合作者的信任关系，建立广泛的战略联盟。第三，企业家要不断地创造新的机会并为所有的企业成员提供均等的、广阔的发展机会和发展空间；使企业成员激情奉献于企业的愿景。第四，企业家在剧烈的变动时刻，把握时机。不能因追求过于完美的决策，而丧失机会。在重大危急关头，能自然引领变革，控制局面、力挽狂澜。第五，企业家要立足于社会责任与草原商业文明，实现企业与社会及自然环境的共同发展。

三 行为样本的描述性统计分析

本书采用方便抽样的方法，选取内蒙古自治区的"金三角"地区即包头市、呼和浩特市和鄂尔多斯市三地的210家大中小企业的草原企业家作为调查对象。发放问卷450份，回收450份，回收率100%。为保证问卷调查数据统计的可靠性，我们对实际回收的450份问卷调查表进行标准样本筛选，确定的标准样本为：企业成立在3年以上及样本对象为小企业的管理高层或大中企业的中高层管理人员。对回收样本选择后，除去不符合标准样本的问卷调查2份，有效统计率达到99.5%，共计448份并以此作为描述性统计分析的基础（见表4-4和表4-5）。

表4-4　　　　　　行为样本的人口特征统计

	统计变量	样本个数	百分比
性别	男	378	84.4%
	女	70	15.6%
职位	董事长或兼总经理	36	8.04%
	总经理或副总职级	267	59.60%
	部门中层	145	32.36%
年龄	29岁以下	35	7.81%
	30—39岁	203	45.31%
	40—49岁	197	43.97%
	50—60岁	13	2.90%

续表

统计变量		样本个数	百分比
领导年限	3 年	43	9.6%
	4—6 年	256	57.14%
	7 年及以上	149	33.26%
学历	高中及以下	25	5.58%
	大专	112	25%
	本科	264	58.93%
	硕士	37	8.26%
	博士	10	2.23%

注：含尾差调整。

表 4-5　　　　　　　　样本的企业特征统计

统计变量		样本个数	百分比
企业性质	国有	22	10.5%
	上市公司	5	2.4%
	民营	87	41.4%
	合资	53	25.2%
	其他	43	20.5%
公司规模	大型	12	6.70%
	偏大型	23	11%
	中型	46	21.9%
	偏小型	129	61.4%
企业成立时间	3—6 年	74	35.2%
	7—9 年	99	47.2%
	10 年以上	37	17.6%
行业	农牧业	55	26.2%
	能源交通	46	21.9%
	商业流通	67	31.9%
	金融服务	42	20%

注：含尾差调整。

从表4-4的行为样本的人口特征统计得出：样本中的男性企业家达到84.4%；样本中的高层职位统计，副总职级以上的职位占

67.64%，中层职位占32.36%；从样本中的年龄统计，49岁以下的草原中青年企业家占到97.1%；从样本中的领导年限统计，3年以上的领导经历达到90.4%；从样本中的企业家的学历统计，专科以上学历占到94.5%。

从表4-5的样本企业特征统计得出：企业性质中民营企业占大多数，占到41.4%；从公司规模来看，中小企业占大多数，中型企业占21.9%，偏小型企业占61.4%；从企业成立时间来看，7年以上的企业占到64.8%；从行业看，各行业均有涉及。

根据对战略领导行为样本（见表4-6）的描述性统计分析，把草原企业家的战略行为归结为5个维度：战略定位、兼容并蓄、凝聚人心、控制风险、平稳传承，每个维度又细化成两个方面和若干行为描述，依照这个样式，对以上210家内蒙古企业的管理层（本土企业、本地企业；国有、民营大企业中层，小企业高层；其他企业管理层）的领导行为进行统计分析，（多项选）草原企业家的战略行为的选项均超过40%。所以，我们认定草原文化背景下的企业家们所关注的领导能力，往往体现在以下五项鲜明的战略使命当中。

表4-6　草原企业家的战略领导行为样本的描述性统计

维度		行为描述	评价	
			具备	不具备
战略定位	思考环境	提出愿景、激发和鼓励下属共同行动	67%	33%
		洞察地区和全球市场、洞察行业和技术发展态势、洞察竞争对手	52%	48%
		不拘泥于常规、激情、敢投入	75%	25%
	构建路线	掌握竞争对手和行业的最新动向、平衡短期和长期目标	72%	28%
		掌握第一手客户信息	55%	45%
		专注于培育企业核心竞争力	73%	27%
		预见和发动变革	83%	17%

续表

维度		行为描述	评价	
			具备	不具备
兼容并蓄	赢得信任	让员工理解愿景	79%	21%
		确定计划、角色和资源,表达明确的绩效目标	63%	37%
		推进项目、跟踪进度、要求绩效不佳者承担责任	56%	44%
		有效地平衡多项任务	72%	28%
	吸收共生	接受他人、建立信任	90%	10%
		促进团队协作、用团队的方式解决问题	69%	31%
		协商寻求"双赢"	78%	22%
控制风险	引领变革	措施、计划、流程与愿景匹配	91%	9%
		达成阶段性目标	75%	25%
		能容忍不佳绩效	67%	33%
		不限于完成任务	54%	46%
	控制风险	决断力就是采取合理的应急措施	55%	45%
		应该遵循一定的价值观和行为表现	45%	55%
		遭遇两难问题时绝不放弃核心价值	56%	44%
		不能只看结果,不计手段	75%	25%
凝聚人心	创造动力	有激情、有活力、渴望行动	64%	36%
		有事业心和有工作冲劲	56%	44%
		激励下属加速行动、承担貌似无法完成的重任	75%	25%
		深入了解业务、掌握沟通技巧、创造一定的激励氛围	57%	43%
	消除阻力	愿意学习和应用新技能、寻找锻炼自己的机会	67%	33%
		不依靠职位权力控制和命令别人	67%	33%
		避免对自己的能力过度自信	76%	24%
		不急于辩解	78%	22%
平稳传承	承担责任	能识别合适的岗位人选	65%	35%
		能留住合适的员工	67%	33%
		能判断员工的能力和潜力	65%	35%
	培育下属	积极提高企业组织的知识能力	56%	44%
		培育独当一面的战略人才,保证企业有跨越式发展的人才储备	45%	55%

四　草原企业家的五项战略使命

1. 思考环境、构建路线

企业的目的，从来就不是盈利，而是满足人类社会可持续发展的需要，是通过提供产品和服务满足人类社会的生存与进步的需要。草原企业家经营企业中最核心的事是创造顾客，能为顾客创造价值的事，才是正确的事，能为顾客创造更多附加值的事，才值得投注心力去做好。所以，草原企业家最重要的事是关注社会大局，着眼企业未来，战略思考企业存在的大局和战略发展的目标，培育企业的特色资源，把企业的发展路线落实在企业核心能力提升上。

2. 赢得信任、吸收共生

以当地人行当地事的管理生态理念是草原管理文化的核心。体现在企业管理中，就是以战略联盟方式，控制与掌握分布在全球的资源，用最低的成本产生最大的附加价值。草原企业联盟能力是草原环境下特别具备的一种战略共生能力，其实质就是以信誉赢得企业的客户、供应商及战略合作伙伴的认可，并建立和谐的战略合作关系，达到与企业战略伙伴的联盟共生，为企业谋求最大化的利益。所以，草原企业家要具有崇高的战略愿景，以草原核心价值观代表一个群体、组织、民族、国家或全人类的伦理价值支撑草原企业战略领导过程。

3. 引领变革、控制风险

草原企业家要固守企业愿景，根据战略目标，吸引适用人才、安排人才。要善于根据企业愿景来选择业务组合和最优的业务模式，要对所从事的事业充满激情，要持续推动管理变革和创新，要对战略实施中的各种问题进行快速和有效决策。变革社会、组织、个人三个层面协调发展的要求，在草原文化环境中是无法拖延的，变革要求草原领导者很快接纳，尽快适应。但这种变革是不得已的，甚至是无可奈何的，所以草原战略领导者既要有引领变革的文化基础，也要有能力来控制好变革所产生的风险。要面对变革、适应变革、引领变革，做战略变革的领导者。

4. 创造动力、消除阻力

草原历史上的鲜卑族曾南下中原，成为中原新的统治者。但随后的鲜卑族自视落后和卑微，主动放弃了传统的草原生产生活方式，失去传承草原文明的活力与优势，甚至禁止胡姓、胡服、胡语、胡俗，草原民族的想象力和感染力不断衰退。虽然北魏的鲜卑人也创制了许多社会制度规章，但却放弃多元文化复合发展的路径。与其后的中原统治者、草原民族契丹、女真对比，可以得出一个结论，实行胡汉分治、因俗而治的政策，虽然也出现巨大的民族同化现象，但是不断融合的中华民族在历史发展的过程中始终充满了活力。

同样在管理部落民众的方式选择上，北魏的鲜卑族和元朝的蒙古族体现出很大的不同。鲜卑贵族们率领其统治集团迁都洛阳后，却放弃了留在故土六镇的鲜卑民众。其间既不招抚，也没有社会共济制度，最终导致了鲜卑人的六镇起义；而蒙古贵族入主中原，仍不忘故土草原。每当草原地区发生自然灾害或社会动乱时，草原之外地区的资源成为元朝贵族们救济草原部落民众的坚强后盾。同样，当农耕文明处于衰落之时，草原文明又为其输入新鲜的血液，构建了农耕文明和草原文明互补共生的战略格局。所以，草原企业家战略感染力对创造动力、消除阻力起到很大作用。

5. 承担责任、培育下属

企业家的领导力与战略领导力实际上是截然不同的两种境界。企业家的领导力有个人奋斗的价值取向，把绝对领导效果看得比事情成败更为重要，体现在追求权威感的细节。例如，希望下属的人格屈从于服从命令，喜欢说一不二，把个人的权威置于最重要地位，甚至都无法容忍工作中下属的能力超越自己。而企业家的战略领导能力表现出对权威的行为感觉并不明显，喜欢和能力比自己强的人在一起，能礼贤下士，充分信任、充分尊重，接受不同意见，有错就改、承担责任。战略领导力既体现出企业生存与发展所赋予的权力，也体现出要担负的一种社会责任。所以，战略领导者就不能简单地根据个人心态在领导岗位上行事，其领导能力必须达到社会责任的高度。所以企业家在领导行使权力中有着社会责任的因素。

企业战略领导者还要有大局观，能容忍有能力的员工超过自己，对企业优秀人才的培育要跳出下级的圈子和层级。草原企业家也要防止两个误区：一是因自己太优秀，而忽视了员工的能力与才华的发现；二是只重视培养企业经营人才，而放弃培育接班人。企业成败的关键在于企业家战略领导能力的高低，以及是否能将个人的战略扶持能力变为企业的战略可持续能力。企业战略领导者经营企业要承担两个责任。首先是经营企业责任；其次就是培育接班人的责任，这也是受草原文化熏陶下的企业家们的天职。

第五章 草原文化影响下的企业家战略领导力模型构建

面对全球化市场的真正来临，全球经济一体化与市场共享化，实体经济和虚拟经济，企业有形资产与无形资产，硬实力与软实力及国际市场与国内市场，区域市场与本土市场等经济元素交织在一起，错综复杂。从历史来看，每到变革的年代，面对大市场的需要，都会出现大战略、大视野、大胸怀的企业领军人物。在这个背景的深刻变化中，草原企业家们从实践中总结出的经营法则顺应了企业的战略构建和运营体系，是企业持续蓬勃发展的基础。草原企业家具备什么样的领导能力才可以考量、整合并理顺这些经济关系，而这种能力所体现的特征，很可能就是草原企业的战略领导人所共同拥有的。

第一节 草原文化环境下的企业家战略领导力特征

在追求相同企业目标时，草原企业家想法和行为常常与很多地区的企业家大相径庭。导致这种企业现象的根源是什么？在企业决策中，究竟是什么因素起着关键的作用？我们认为，渗透在其中的草原文化起到了无可替代的作用。文化是一种符号信息系统，是文化体系中成员的生产生活及思维方式的共同表现；文化是文化体系中成员的共同的价值观，与历史相关、与实践相关、与话语相关，它影响着人们的思维方式,从而影响他们的决策和行为。[①]

"韦伯认为,中国现代性的内在阻滞力主要来自以儒教为代表的文化传统主义。而草原文化继承了草原原始初民心理层次的文化含量,它的可贵之处在于给人一种禀赋、一种气质、一种复合型的精神元素。草原文化本身并不深奥复杂,但它把这种精神元素传导给人,却使人们的内心世界自由包容,并保持着创造的勇气和活力。"[②]

一 一般性特征

"因为草原文化是动态文化,它必然要向新的文化形态过渡。历史上的一个伟大的事件就是草原文化转型为商业文化,而商业文化是从古典文化形态向现代文化形态过渡的重要中介。"[③]继草原企业"小肥羊"之后,视野辽阔的草原企业"小尾羊"擎起我国中餐连锁的又一面大旗,一路狂飙突进,走出大草原,在全中国掀起大草原天然绿色美食的新风尚。2005年,"小尾羊"跻身"小肥羊"领衔的中国餐饮业百强企业前三甲,国内餐饮业外强中弱的格局已悄然发生改变。站稳脚跟的"小尾羊"迅速打入麦当劳、肯德基等洋快餐的发源地美国等海外市场,顺利启动境外拓展战略。在这些成功企业的背后,我们可以发现草原企业家们,从草原文化中接受并弘扬人类活性的精神元素,培养塑造具有草原战略特质的素质或性格特征,为现代草原企业服务,为草原和谐环境服务。他们身上所拥有的草原愿景、兼容并蓄、赢得人心、变革创新、战略扶持等企业家战略领导力特征,为我国经济转型之际的企业管理的经验探索,起到了很好的借鉴作用。一般而言,草原战略领导力有以下特征(见表5-1)。

[①] 秦亚青:《中国文化及其对外交决策的影响》,《新华文摘》2012年第3期。
[②] 刘高、孙兆文、陶克套:《草原文化与现代文明研究》,内蒙古教育出版社2007年版,第255页。
[③] 孟驰北:《草原文化与人类历史》,国际文化出版公司1999年版,第7页。

表 5-1　　　　　　草原战略领导力的一般性特征

草原文化元素	草原愿景	兼容并蓄	赢得人心	变革创新	战略扶持
战略领导力特征	爱国情怀	开放	信任	善于资源	平等法制
	目标明确	包容	合作和团结	迂回应对	关心下属
	洞察入微	知识与技能	激情	行动疾速	民主自由

1. 护国护乡的爱国情怀

事实证明，爱国主义作为草原文化的灵魂，深深印在草原儿女的性格之中，这是一种强大的凝聚力和向心力。体现在企业管理上的草原爱国情怀，首先，草原企业家爱国就是要爱护家乡的生态环境，要保护家乡，维护家乡，让它更富饶、更美丽。由于草原民族特殊的生活环境，使草原人形成自觉地保护生态环境的意识。草原是他们的衣食父母，草原是他们共生共存的利益共同体。其次，爱国就是爱企业，爱企业的员工，这种责任感驱使下的草原企业家，在面对企业环境的压力下，只有全力以赴，勇敢面对，别无选择。有时体现出超人的勇敢和惊人的毅力。2001 年，有着立志追随小肥羊，再造一个小肥羊的创业理念的 11 名股东，成立了内蒙古小尾羊餐饮连锁有限公司（以下简称小尾羊）。继包头小肥羊后，五年中又创造了一个餐饮业的奇迹，营业额达 43.07 亿元，位列全国餐饮百强第三名。2008 年 6 月 12 日，当来自内蒙古的小肥羊在香港联交所上市时，作为内蒙古涮羊肉火锅的双雄之一的内蒙古小尾羊却专心于基础工作。草原企业家小尾羊的董事长余佳荣提出，规模化的产业链才是小尾羊的核心竞争力。从选址到自营，经营管理，产品都在标准化，不再盲目扩张。小尾羊涉足餐饮，养殖羔羊，加工肉制品，采取"农户+政府+公司"模式，即小尾羊公司统一采购和生产饲料，与当地农牧局合作为农户提供养殖过程中的防疫、育种等技术。6 个月羔羊出来后，小尾羊按市场价从农户手中收购活羊。小尾羊的羊肉做到自给，即使遇到羊肉价格上涨，企业的利润反而得到提高。上市前的小尾羊，目标明确，绝不打没把握的仗。

2. 兼容并蓄的开放胸襟

兼容并蓄的开放意识是草原文化固有的品格，主要表现为开放性和包容性。草原文化习惯以开放的胸襟，吸纳和借用异质文化中有实用价值的理论、技术和技能。与此同时，还能宽容对待其他文化，给予它们自由发展的空间。

在企业经营管理中，兼容并蓄彰显出的既是一种商业心理，同时又有商业气度的特征。即与同行业宽容相处，互相学习；让利经营，薄利取信，互赢共生。正如中国传统文化中所推崇的和气生财一样，只有重视与社会各方面的和谐相处，尤其在与同业往来中既能保持平等竞争，又能相互支持和关照。所以，兼容并蓄的精神是草原商业伦理上的重要体现。就像美国的快餐企业麦当劳和肯德基、草原的乳品企业伊利和蒙牛一样，作为草原双雄的小尾羊与小肥羊既是竞争对手，也是发展征途中形影相随、相互鼓励的好朋友。不管在世界任何地方，只要有其中的一家门店，必然会在方圆100米之内找到另外的一家。

正如崛起前的草原民族，往往处在当时文明世界的外围一样，他们既没有可以自傲的先进制造技术，也没有资源，甚至连成形的文字也没有。但是，草原民族有着超人的整合新鲜事物的能力，他们在征服一个文明程度高于自己的对手后，立即吸收他们在军事、制造等方面的先进技术，并消化服务于下一次征服的需要。草原文化的高明之处在于，从本能上对知识与技能的重视与接纳。例如成吉思汗虽然不识字，每次征服中亚城市后，会派书记员把平民按职业划分成诸如书记员、医生、天文学家、法官、工程技术人员、教师等专门职业的人，包括任何能用各种语言阅读和书写的人，并视作蒙古帝国的人才资源，用他们来管理不断扩展的疆域。余佳荣认为企业做投资，最好的项目就是对员工的投资。做到对员工的真心关爱、由衷敬重、慷慨奖励，企业才能做成真正受人尊敬的事业。2011年，小尾羊通过IPO计划所募集的资金，全部用于了"测羊体系"在内的一系列信息系统的增加和运用，完成了公司所有核算单位及餐饮门店财务核算系统、收银系统以及物流配送系统和资金管理系统。表明企业在现代管理技术上达到行业中的最优。

在长期民族性格和文化形成过程中，游牧民族逐水草而居的游牧生活方式，为他们提供了相对宽阔的生活天地和自由环境，生产生活中的自由的因子，渗透到民族性格和气质之中，就是草原文化践行自由的特质。例如1251年，蒙古大汗蒙哥的登基诏书就提到："要让有羽毛的或四条腿的，水里游的或草原上生活的各种禽兽，自由自在地飞翔或遨游。"① 自由的思想和生态的理念对于草原民族来说，早已不是精神世界的理想，而是现实中的生产生活所践行的对象。

草原企业家具有一种豪放的性格和开放的文化心态。开放的草原企业以博大的胸怀，吸纳了适合企业发展需要的优秀人才。小尾羊许多店长，就是从传菜员的基础岗位上，一步步培养提拔起来的。小尾羊不仅直接从经营管理第一线培养人才，董事会还直接从社会上物色聘用包括公司总部总经理等重要岗位人选。但是最实用的方法，就是寻找兼具智慧与实力的加盟商，用小尾羊成熟的经营模式，与加盟商的事业发展平台连锁在一起，与小尾羊品牌一起成长，成为小尾羊连锁事业的紧密合作伙伴。小尾羊的合作伙伴往往会晋升为更高级别的职业经理人和区域市场二级公司的主要持股合伙人，成为小尾羊集团在各个区域市场持续稳定发展的战略同盟。

3. 忠诚信义的企业家道德

蒙古历史上著名的"巴泐渚纳誓约"，是在成吉思汗军事生涯的最低潮时发生。而且，作为产生蒙古帝国特性和形态的关键性事件，它对于各种各样的蒙古部落来说，是具有象征意义的。巴泐渚纳（元朝史书中称为"班朱泥河"，今克鲁伦河）誓约的十九个蒙古人，"和铁木真可汗来自九个不同的部落；大概只有铁木真和他的弟弟哈撒儿是来自蒙古部族。其他人则包括有篾儿乞惕人、契丹

---

① 志费尼：《世界征服者史》，何高济译，内蒙古人民出版社1980年版，第673页。

人及客列亦惕人。尽管铁木真是个崇拜'长生天'和不儿罕·合勒敦山的虔敬的萨满教徒，但在这十九人中却包括有几个基督徒、三个穆斯林和几个佛教徒。他们团结在一起只是因为他们誓言忠诚于铁木真，并且也宣誓忠诚于彼此。巴泐渚纳的宣誓建立了一种手足情谊，并且超越了血缘关系、种族区分及宗教信仰，它接近于形成一种建立在个人选择和互相承诺基础之上的、现代公民的权利和义务。这一关系在铁木真部众中成为一种新型共同体的象征，这最终将作为蒙古帝国内部统一的基础，处于支配地位。"① 由此可见，信任、合作和团结是草原民族的发展基础。

市场经济就是信用经济。发源于内心深处没有丝毫矫揉与虚假的极端虔诚的草原民族文化心理特征，表现在具体的企业管理中，就是令人称赞的信任与合作。草原人民在简单的生活方式中养成了宽广豁达的胸怀，也少了许多世俗的牵挂。在许多草原企业家看来，财富不是世界上最重要的，所有财富包括毕生积累的财富，甚至至亲的亲人都可能在一瞬间全部失去，在危难时刻能够保全你的，恰恰是亲人或朋友的援手而不是物质财富。如吉尔吉斯等草原民族就有"狼吃独行羊"的谚语。草原企业家把人才看作企业最重要的资源。以人才资源确保企业持续发展所应具备的市场竞争力。小尾羊所有的中层管理人员都拥有下属直营店股份，公司确保入股员工每年享有不低于30%的收益。一般说来，草原民族没有物质崇拜，成员之间也没有内斗的原动力。

草原企业家特别善于利用人心调动所有加盟商、员工的积极的进取心。使加盟商、员工更好地服务于每一位小尾羊的顾客，并向每一个市场目标进军，最终形成企业核心竞争力。在内蒙古包头市的小尾羊总部，有一项重要活动。在内蒙古大草原最迷人的季节里，由小尾羊总部出资，邀请小尾羊在全国各地的优秀加盟商、店

---

① 杰克·威泽弗德：《成吉思汗与今日世界之形成》，重庆出版社2006年版，第64页。

经理、厨师、一线店员和 VIP 顾客，到草原总部观光、旅游。在迎接仪式上，用充满浓郁的蒙古族民俗风情，高贵隆重，载歌载舞，夹道欢迎各路来宾，草原民族富于激情、情趣与感染力，草原文化充满生机、活力与美感，应邀参与者无不为之动情。

4. 冒险创新的开拓精神

草原文化的历史，实际上是草原民族的冒险和创新史。冒险是草原民族自由表现力，是一种最大限度的自由。冒风险并不是盲目蛮干，而是体现当事人一种最为高超的决策艺术。有研究表明，进取精神和风险意识是商品经济活动中取得成功不可缺少的一种心理品质。在企业战略思维决策中，冒险多体现在企业家的创新行为中。2001 年年初，包头商人余佳荣到草原考察项目，偶然品尝到一种用来煮羊肉的汤，而这种汤被当地牧民誉为"神汤"。余佳荣敏锐地发现"神汤"所蕴含的无限潜能和商机，他组织力量对"神汤"进行进一步的完善和改进，使它更适合现代人的口味，同年 8 月，他联合草原商界的合作者，果断投资 500 万元，成立包头小尾羊火锅总店。同时，对草原饮食文化上重新包装，把草原文化融入饮食文化之中。实践证明，地域差异越大，这种文化优势越明显，小尾羊店的蒙古风情不仅带动了火锅消费，也提升了火锅的档次。短短两年后，2003 年小尾羊就获得了中国餐饮业最高奖"金鼎奖"。

小尾羊进入上海市场时，并非一蹴而就，而是采取中心突破的战略。2003 年，经历持续数月的"非典"洗礼，小尾羊走到了生死攸关的事业低谷。余佳荣决定在中国经济最繁华、竞争最激烈的上海市场实施企业的新突破。但经过深入探讨后，余佳荣决定从对手关注较少、竞争也小得多的南京和苏南市场入手，暂时离开门槛相对很高的上海市场。凭借这样胆略非凡的经营创举，小尾羊以骄人的业绩成为南京和苏南餐饮行业的一面旗帜。2004 年年初，余佳荣带领小尾羊团队建成了华东地区规模最大的涮羊肉火锅店，正式立足上海滩。

5. 崇尚简约的资源观

草原崇尚简约，并不是不追求发展，而是注重环境的承受能力与资源的可持续利用。如果分工精细，各行其是，就不适于游牧生活。恰如蒙古族的《袍子赞》[①]所咏：袖子是枕头，里襟是褥子，前襟是簸箕，后襟是斗篷，怀里是口袋，马蹄袖是手套……；又如蒙古刀可用于防身、吃肉、杀羊、修理、装饰；更像当年草原上的乌兰牧骑，除了文艺演出外，还当宣传员、服务员，还能经营图书、杂货、医疗、摄影、理发、电器修理及参与各项牧业劳动。

面对市场与竞争，快速发展壮大的小尾羊，拒绝完全按照西方成熟企业的管理常规，也没有按照所有权和经营权分离的理论，设立复杂的企业组织架构，而是遵从草原民族简约的理念和风尚，不事奢侈，不事浪费，一物多用，物尽其用，循循善用。首先，对董事会进行精简，小尾羊的董事会不仅负责公司长期发展战略和重大决策工作，董事会成员还分别兼任公司经营管理事务，和职业经理人共同参与企业的具体经营管理，部分不在企业任职的董事会成员，则担当起监事的职责，协调并监督董事会和总经理体系的工作。避免了人浮于事和机构臃肿的"大企业病"，同时，也改变了企业运营成本居高不下的困境。使创业阶段的小尾羊轻松地承受企业管理成本，为企业积聚了拓展全国市场的丰厚资本。

6. 重视速度的发展观

草原一直是一个孕育狼性的地方，现代商业氛围出现在这片富于狼性的草原时，草原上的企业会以狼的速度和特性面对行业的竞争。草原企业最本质的核心竞争力就是驾驭速度的能力。草原企业的发展速度事关企业能否有效开拓地盘、赢得合作伙伴和目标客户。

草原企业家余佳荣认为如果小尾羊不能在较短的时间内，拥有一定数量的分店，就无法达到规模经济和规模效益，取得市场竞争

[①] 转引自陈寿朋《草原文化的生态魂》，人民出版社2007年版，第93页。

优势。其直接的后果就是在餐饮业激烈的竞争中，处于长期的劣势地位，或者面对已经取得规模效应或正在高速扩张的众多竞争对手，就会被淘汰出局。所以，市场在哪里，小尾羊就要开到哪里。但是，小尾羊没有效仿肯德基、麦当劳等步步为营的保守思路和机械拷贝方法，而是在全国范围内紧紧跟随这两大巨头，在它们附近开店营业；小尾羊用相对粗线条的方法，替代了洋快餐几年的市场调研及汇总分析，以及进入新市场小心谨慎试营业三五年的惯例。小尾羊大胆放弃了世界管理惯例，在掌握 80% 成功可能性的时候，以最快的速度开店营业。

7. 建立稳定的人才培养机制

卡耐基墓志铭是这样写的：卡耐基的成功管理学中最为成功的，就是懂得选用一位比自己优秀的人来为他服务。当前在草原企业中，职业经理人社会文化内涵建构的缺乏，形成职业经理人的机制的条件尚不成熟。分离企业的所有权与经营权只能在一定的包容文化中传承与实现，如果没有文化的纽带穿梭其中，所谓的职业经理人体系，与草原企业的管理方式和纽带关系相比，显得非常脆弱。草原战略领导力传承的现实需求是：既传承中国传统文化又适应草原企业社会需求的草原文化价值体系，对规范管理和团队整合起到了重要作用。草原文化中追求的是一种超越血缘、种族及宗教信仰的个人之间的关系。例如成吉思汗建立帝国的主要依靠力量是一群伙伴，而不仅仅是亲属。所以，在草原企业对员工的忠诚度非常看重。草原企业有一支稳定的员工队伍是企业持续发展的根本保证。

中国市场已进入市场超细分阶段，这个新阶段要求再次梳理企业发展的战略定位和产业结构，拥有大量发展资源的企业家接班人，能否最大限度地调动全体员工和加盟商的执行力、创造性和工作热情并如何承接这种影响，是一个重要的考量。这对继任的企业家个人素质与战略领导能力提出了极高的要求。

二 源于草原文化的企业家战略思维习惯

草原文化是一种适应草原自然条件和社会条件而产生的文化，

包含了四个重要的元素,即理想性、环境性、共生关系性和动态性。这些无处不在的草原元素渗透到草原人民及草原企业家思维方式中,影响并规定着他们的行为。

1. 理想性要素

草原既是草原文化的载体,更是展示草原文化魅力的传统背景。如果把现实中的草原真实地表现出来,突出草原文化载体这一功能,无疑会使退化的草原彻底失去往日的魅力;如果把草原作为背景,草原文化、历史、民俗、艺术甚至草原产品的表现范围和空间就会更加辽阔。所以,理想性就是按理想化的样式设计草原文化的外在表现,让草原超越现实草原之外。在传播草原文化中,尽量弱化草原的真实景观性,强化草原的文化背景特色。

千百年来,草原都蕴含着田园牧歌式的文化内涵,是蓝天、白云、羊群、悠扬牧歌的美好景象以及人与自然高度和谐的意境。不同民族都对草原赋予浪漫色彩,并为之陶醉。"草原"在蒙古语中,与"家乡"一词连用,称为塔拉努图克,意思是指人们的现实生活家园,但更多表达的是草原人们的精神家园。

首先,草原为草原人民提供了悠闲的生产生活环境和最为广阔的自由空间;其次,自然化的草原社会,体现人与自然的和谐、人与人之间的和谐、牲畜与自然的和谐。草原民族社会中的人与人之间结构简单,社会关系接近于自然关系,是农业社会也是工业社会的人们所向往的理想生活。最后需强调的是,草原上的真实生活,除了草原文化对精神自由的追求之外,还经常遇到严酷的生产生活环境,夏季生活中的蚊虫,冬季生活中的严寒以及面对的荒凉沙漠和寂寞生活等,但草原民族却自觉地放弃对草原这一面的记忆,他们为有世界上最高大雄伟的巴丹吉林沙漠而自豪。他们的祖先把长生天的名字献给"腾格里"沙漠。草原人民并不认为家乡的环境是恶劣的,而是垂青于草原的大美。最爱用的称呼就是蒙古语赛汉(美好)、白音(富裕)、巴音(富饶的)、浩特(城市)、腾格里(长生天)沙漠,还有辽阔富饶的阿拉善(五彩斑斓之地)等。即使是对被破坏掉的草场也不称为退化，而是说，这是过累的草场或者受虐待的草场，等等。这个过程既丰富了草原文化的理想内涵，也是草原文化的增值过程。

因此，我们必须明白，草原文化的出发点表现的是客观的草原，但落脚点却是理想化的草原，草原文化的本质就是一种理想化的存在。

2. 环境性要素

环境性是指草原生产生活的整体形势及关系情景，也就是草原文化的内外环境。草原文化的环境性要素体现了一种整体的思维方式，认为行为体是环境的有机部分，它与环境息息相关，保护环境就是行为体生存的基本法则。草原文化的决策的价值核心是宏观环境，而不是局部或个体。

横跨欧亚大陆的蒙古汗国，其内政外交和国家制度安排，就是以东西方不同地域和民族的传统、习俗、文化特征为环境依据而设计的，《元史》[①] 记载："自封建变为郡县，有天下者，汉、隋、唐、宋为盛，然幅员之广，咸不逮元。汉梗于北狄，隋不能服东夷，唐患在西戎，宋患常在西北，若元，则起朔漠，并西域、平西夏、灭女真、臣高丽、定南诏、遂下江南，而天下为一。故其地北逾阴山，西极流沙，东尽辽左，南越海表。"

草原民族认为，万物和谐共存就是天道。自然是一种完美和谐的秩序，人仅仅是自然中的一部分，尊重自然就是尊重长生天。游牧本身就是居无常所，逐水草而生，重复利用资源的循环经济模式。可以说，草原民族的生产、生活方式和消费结构就是以草原文化中的环境性元素来构建的。

在蒙古族的习惯法中，早已经确立了保护草场、水源和野生动物的法律性条文，在 15 世纪的蒙古汗国的成文法中，这些法律制度更加完善。草原民族鄙视贪婪索取自然资源的人，反对竭泽而渔的

---

① 宋濂：《元史·卷五十八（地理志）》，中华书局 1976 年版。

行为。这些体现草原文化的典型事例表明，天人合一，高度重视整体环境和生产生活形势的草原文化特征，早已融入草原民族上层建筑的决策过程中。

环境性要素在草原文化的重要性说明，在环境成为稀缺资源的情况下，草原文化中所提倡的生态经济，必须也应该成为草原经济社会发展中的社会经济调整的重要变量，成为我国生产力布局与资源配置的调节器。各种环境、行为体在环境中的位置以及整体局势发展的评价与判断，是草原文化的战略新视角。

3. 共生关系性要素

共生关系指草原万物之间的某种必然联系，这种关系使草原万物的相互依存的程度正好达到平衡的状态。草原文化的共生性关系要素的主要内涵包括个体价值、关系过程、信誉情结。

共生关系性元素内涵之一的个体价值，就是指单一行为体，其价值在于群体中要做到什么和能获取什么。例如在草原地区一直流传很多英雄史诗，崇拜英雄是草原民族的基本价值观。草原文化视野下的英雄情结则深植于民族心理的危机意识、虔诚的长生天式的宗教认知以及吸纳、整合、创新的草原文化机制特征，必然要求受草原文化熏陶的民族具有冒险和不间断地进取的行为价值取向，进而成为全社会约定俗成的更加具体的行为追求模式和英雄认可标准。所以草原英雄也就在责任、竞争与身先士卒的基础上得以确立。

首先，在草原文化中，草原英雄必须与所在部落的利益休戚相关，并是能够顾及群体利益的领导者，体现了草原领导者的个体价值和草原文化最高目标的定位。《后汉书》①："乌桓者，本东胡也。有勇健能理决斗讼者，推为大人，无世业相继。"书中提到继匈奴政权之后，活动在大兴安岭南段和北段的鲜卑族檀石槐部，就是因为，檀石槐，长像勇健，智略绝众。"施法禁、平曲直，莫敢犯者，

---

① 范晔：《后汉书·卷九十（乌桓鲜卑列传第八十）》，中华书局1965年版。

遂推以为大人"。并建立了以大人制为特征的政权体制。鲜卑庭就设在今天山西省阳高以北的弹汗山。①

其次，草原英雄是不惧困难、勇敢智慧、果断决策、知难而进，能为集体利益奉献自己的领导者。《史记·匈奴列传》②记载匈奴社会兵牧合一，即军事组织和生产组织相结合。按照匈奴的习俗：俗贵兵死。也就是说，平时的牧民在战斗时就变成战士，草原社会对个人的要求，在于其勇敢、坚强，既要有劳动力还要有战斗力。《隋书》③记载突厥人重兵死而耻病终，大抵与匈奴同俗。成吉思汗④对他的武士们有一个要求是"居民在平时应像牛犊般的驯顺，战时投入战斗应像扑向野禽的饿鹰"。

最后，草原英雄是承认领导者个体价值的文化因素。草原传统文化体现了勇于竞争的文化背景，以及英雄能脱颖而出的客观环境。明朝萧大亨⑤分析了蒙古人不惧战死的文化背景："及至勇力出众，众甚重之，虽虏王，台吉（贵族爵名），恒解衣衣之，推食食之……惟欲称雄虏中，为名高，不为厚利也。"

共生关系性元素内涵之二是关系过程，是指草原民族任何理性的决策都需考虑草原万物相互共生的关系性。草原传统文化要求用关系性思维而非理性思维来考虑事情。关系性思维就像往河中丢一颗石子，河面上所泛起的圈圈水纹，就是草原自然社会复杂的、完整的和谐关系。人与人之间的关系、人与环境的关系以及人与物的关系构成共生关系过程，即关系的动态环境。而这种动态的环境充满了活力和动力。

草原文化是由部落、联盟、民族、族群共同创造的关系文化。

---

① 《册府元龟（外臣部）·卷998》。
② 司马迁：《史记》，中州古籍出版社1996年版。
③ 魏徵：《隋书·地理志（卷二十九）》，中华书局1976年版。
④ 吉日嘎拉、包勇：《成吉思汗执政思想在军事实践中的体现》，《内蒙古师范大学学报》（哲学社会科学版）2008年第1期，第20页。
⑤ 载薄音湖、王雄编辑点校《北虏风俗·明代蒙古汉籍史料汇编》（第二辑），内蒙古大学出版社2000年版。

在不同历史时期,草原文化以一脉相承的历史渊源和族际承继关系,一边发展着自己的特征,一边在进行着同质文化的演变过程。五胡(匈奴、鲜卑、氐、羌、羯)十六国时期,大量游牧民族融合到中原农耕民族当中。《隋书》[①]记载:"京兆又都所在,俗具五方,人物混杂,华夷杂错。"说明魏晋南北朝至隋朝时期,更多的游牧民族进入中原,与汉族人杂居和通婚,形成中国"戎狄参半"的居住格局。胡汉交融现象在隋朝和唐朝的统治集团中更加明显。在西魏,鲜卑人独孤信官居八柱国。他的长女是周明帝的皇后,第四女为唐高祖李渊的母亲,第七女是隋文帝杨坚的独孤皇后,可见,隋炀帝与唐高祖是姨表兄弟。唐高祖李渊的窦皇后和唐太宗李世民的长孙皇后皆为鲜卑人。唐太宗李世民是窦皇后生,故大唐皇帝李世民亦称大唐可汗。采用双重帝号的唐太宗对夷狄的态度为:"自古皆贵中华,贱夷狄,朕独爱之如一,故其部落皆依朕如父母。"[②]草原人的开放的胸怀、诚信精神和豪放直率的民族性格影响了中原地区的民风和民俗。并把自己的血统、语言和文化融入了汉族,造就了盛唐气象。来自波斯、阿拉伯、印度、日本、高丽等国的商团和使者云居长安,长安成为当时著名的国际大都会。各国的民族文化、宗教、习俗交融于中土大唐,极大融合了草原文化的共生关系。

在中国历史上,凡是北方少数民族或带有北方民族背景所建立的王朝,其思想文化氛围大都比较宽松,思想意识也很活跃。草原民族包容并蓄、共生共存的思维方式,为草原文化吸收外来文化奠定了基础。成吉思汗就经常提到,作为统治者应该具有太阳和海洋般胸怀,像太阳把光明和温暖洒向每一个角落,像海洋一样容纳百川。

共生关系性元素内涵之三是信誉情结。情结是自我认知、他人

---

① 魏徵:《隋书·卷二十九(地理志)》,中华书局1976年版。
② 李倩:《唐代南方民族经济交往及历史作用》,《社会科学动态》2000年第11期。

认知及社会认知的组合。信誉不仅与个人的社会地位相关,还标志着被社会共生利益关系性接受的程度,影响到社会关系互动过程中享有的权利和利益。简单地讲,草原民族做事的结果就是要求社会对自己的关系过程无可置疑地信任。明万历十八年,发生了"洮河之变"。明朝宣大总督萧大亨坚决反对与鞑靼开战,非常了解草原思维方式的他,在朝廷力排众议,照会鞑靼(蒙古族)首领即第三代顺义王托力克,责其背德之过。托力克果然谢罪请归,还所掠洮河人口。这里的"责其背德"[1] 其实就是指责鞑靼酋长的信誉。萧大亨在长期总督宣府、大同、山西三镇的过程中与鞑靼酋长存在和平共存的社会关系,这种共存的关系才是保障信誉的基础,才成就了这种国家层面的交易。所以,信誉情结的本质就是关系性的。

4. 动态性要素

动态性是草原民族观察和思考主客体的变化角度。在草原文化中宇宙被称为"敖日其朗",意思为永恒旋转的物体。草原的思维方式认为,一切事物都是从无到有、从小变大的过程,运动是一切社会发展的最基本的规律。蒙古族就把运动视为男性之美,称摔跤、射箭和赛马为男儿三项,动态成为草原文化中民族美学的最基本概念,从草原音乐到民族绘画,从古老的岩画到出土青铜器,它们所集中描绘的都是动态之美。草原民族对万物的动态理解,直接源于生产生活的实践。可以说,在历史发展过程中,草原文化的动态社会特征不仅得到了传承和延续,而且始终都在创新与发展。特别是在与其他文明的互动过程中,草原文化不是被动地、消极地、单方面地吸纳,而是积极、主动、包容地融入其中。当满族入主中原后,草原文化动态观与佛教的轮回观不谋而合,所以蒙古族选择信仰藏传佛教,也充分说明文化的作用。再如在军事领域内灵活运用运动战,这都充分表现出草原人民的动中求变的战略选择。

---

[1] 周郢:《萧大亨之筹边政策及军事思想》,载泰安市档案馆编《泰山历史研究》,山东文艺出版社1997年版,第179—184页。

自从匈奴作为马背民族登上历史舞台,到蒙古帝国的建立,游牧民族从东向西,从森林走向草原,又从草原走向世界,成为草原文化发展的独特规律。动态是草原民族的生存法则。草原文化在吸纳和传播中,重新提升了动态能力,其路径不是单线进化论,而是表现为复合型的文化模式。

三 在草原文化中形成的企业家战略行为特征

法国地理学家白吕纳认为:"一地的位置、地形、地质构造和气候都可以解释一个民族的历史。"[1] 自然环境的多样性和严酷的条件迫使草原游牧民族必须依据大自然的变化,安排生产和生活。草原人民虽然不能对生态系统进行根本的改造,但往往能巧妙地加以利用。如畜群有规律地转场,就是通过大范围的地理活动空间,换取草原生态系统自我恢复而需要的时间;同时,也形成了王国维[2]的观点:草原游牧民族经常迁徙,视野宽,风险大,闯劲足,开拓性强,具有开放性的特点。

1. 生态式规划

草原人民与草原唇齿相依,所以,草原民众竭尽全力地保护草原生态系统。如在利用草原植物资源时,以使用植物的地上部分为主,保证植物的再生;以游牧的方式,使动植物的自然再生产过程与畜牧业的再生产过程结合在一起,保证了草原动植物资源的供应。这些绿色的动植物产品对提高草原人民的体力与智力,起到难以替代的作用。草原人民、牲畜、自然环境的良性循环及平衡发展就是草原文化经济的精髓。

历史上的草原文化经济系统由三部分组成:社会系统、畜牧系统、自然环境系统。这种生态经济体系的特点是投入少,成本低,利润高,效益好,是一种没有污染、不破坏自然环境的经济体系。这种长时间存在的经济体系得益于草原文化中把人与自然和谐相处

---

[1] 项英杰:《中亚:马背上的文化》,浙江人民出版社1993年版,第16页。
[2] 《王国维遗书》(第13册),上海古籍书店1983年版。

当作一种重要行为准则和价值尺度,在我国历史上,没有任何一个民族能像草原民族这样,以完备的法律体系和教育体系来保护着草原生态环境和生态安全。

草原民族富有生命力的优势在于自觉地保护大自然。崇拜自然,敬畏自然,保护自然是草原文化有别于其他生态文化的重要标志。草原民族从教育和制度上对破坏草原生态的行为加以禁止。把保护环境的理念注入各种软硬约束力之中。草原民族的传统文化教育包括幼儿教育、家庭教育和社会教育,生态文化的教育内容占有重要地位。再如草原民族所信奉的,以自然万物有灵为主的萨满教,其实就蕴含着生态伦理观的主要内容,这种宗教生态观点,实际上就是草原民族文化传统在宗教领域中的反映。

2. 风险式决策

蒙古高原的地形由山脉、草原、丘陵、沙漠、戈壁等地貌组成,蒙古高原的东部为典型草原,西部则为荒漠草原。气候由典型的温带大陆性半湿润气候过渡到半干旱气候。蒙古高原的降雨量在200—400毫米,6—9月降水占到全年的80%—90%,并且,降水由东向西北减少,草类高度和植被覆盖率逐渐减少。[1]

蒙古高原水草丰美,是得天独厚的天然大牧场。但蒙古草原也有"其产野草,四月始青,六月始茂,八月又枯"的景象。[2] 农业的特点是春耕、夏锄、秋收、冬闲,与农业经济比较,草原游牧经济的特点是不间断的。农耕民族最休闲的冬季却是草原民族最艰难的季节,游牧经济的再生产要面对冬季的大风、大雪及严寒所带来的"白灾""黑灾""寒灾"等自然灾害威胁。约翰·普兰诺·加宾尼曾在《蒙古史》[3] 中记载说:"那里的天气是惊人的不合常规,

---

[1] 任美锷主编:《中国自然地理纲要》,商务印书馆1999年版,第312—334页。
[2] [英]道森编,吕浦译,周良霄注:《出使蒙古记》,中国社会科学出版社1983年版,第6—7页。
[3] 转引自陶克涛《毡乡春秋(柔然篇)》,内蒙古人民出版社1997年版,第221页。

因为在仲夏的时候，当别的地方正常地享受着很高的热度时，在那里却有凶猛的雷击和闪电，致使很多人死亡，同时也常常下着很大的雪。那里也常有寒冷刺骨的飓风，这种飓风是如此猛烈，因此有的时候，人们需付出巨大努力，才能骑在马背上。当我们在斡耳朵（宫帐、宫殿）前面的时候，由于风的力量太大，我们只得趴在地上，而且由于满天飞沙，我们简直不能看见什么东西。"据统计：[1]战国至秦汉时期内蒙古地区各类灾害总计为 80 次，其中秦汉时期为 75 次，魏晋南北朝时期为 146 次，隋唐五代时期为 64 次，宋辽金元时期为 336 次，明代时期的 227 年间内蒙古地区的灾荒总数竟达到 441 次，清朝时期更甚，在其统治的 268 年期间灾害总数已达 460 次。面对自然灾害的不断伤害，草原人民向大自然主动学习，找到了应对危机的根本性方法，正像汤因比[2]所言：草原民族把自己不能食用的粗草喂给了所驯化的动物，变成了他们的乳品和肉类；同时，他们自己的行动与行为也必须准确地按照动植物的时间表，才能保证他们的畜群在各种不同季节，找到所需的生活资料和食物。

3. 动态式平衡

草原经济的矛盾主要是草场的有限性与人类追逐财富欲望的无限性之间的矛盾，当畜群超出草场的承受能力，草场与畜群之间就会出现不可调和的矛盾。而在当时的生产力条件下，游牧是保证草场与畜群平衡的唯一方式。

日本学者后藤十三雄[3]提出：草原民族周期性和循环性的游牧运动中，牧民家庭或部落，充分利用草场地带每个草地的季节差异，在每年的特定时间，按照规定路线进行循环的有规则的游牧，以获取最大限度的牧草。这种循环运动以一年为周期，但其游牧的

---

[1] 转引自乌峰《蒙古族生态观的哲学分析》，国家图书馆（博士文库）。
[2] ［英］汤因比：《历史研究》（下册），上海人民出版社 1959 年版，第 210 页。
[3] ［日］后藤十三雄：《蒙古游牧社会》（蒙文版），内蒙古人民出版社 1990 年版，第 39—40 页。

范围，从南北东西的方位上，有时可达数百乃至数千公里。

用《狼图腾》① 中毕利格老人的话："四季草场各有各的用处。春季接羔草场的草好，可是草矮了，要是一家人定居在那儿，冬天下大雪把矮草全盖没了，牲畜还能活吗？冬天草场靠的就是草长得高，不怕大雪盖住，要是一家人定居在那里，春夏秋三季都在那儿吃草，那到冬天，草还能有这么高吗？夏季草场非得靠水近，要不牲畜都渴死。可是靠水近的地方都在山里面，定在那儿，一到冬天冷得能把牲畜冻死。秋季草场靠的是草籽多，要是一家人的牲畜定在那里，啃上一春一夏，到秋天还能打出草籽吗？每季草场，都有几个坏处，只有一个好处。游牧，就是为了躲开每季草场的坏处，只挑那一个好处。"

草原游牧畜牧业的特点在于移动，只有移动才能保障草场的均匀利用和均匀施肥，只有移动才能保障草场、牲畜和人类的共存。

4. 制度式管理

美国学者唐纳德·沃斯特② 研究认为，即使是最高级的动物也无法离开那些比较低级的动植物，生物链是在生态上的相互依存和共同协作的体系，彼此联系才能生存。"绿色植物是第一营养级，草食动物是第二营养级，肉食动物是第三营养级，人处于食物链的最高营养级。"③

草原人民充分了解草原生态系统的生物链，主张保护自然环境就是最大的建设。面对恶劣、多灾、骤变、脆弱的生态环境，草原传统畜牧业的各个环节，只能在短时间内完成，因此草原人民必须互助友爱，并形成了集体主义精神。所以，草原传统畜牧业不仅利用和保护了草原，还造就了一个融合于大自然、富有集体主义的伟大民族，及推动世界前进的草原文明。

---

① 姜戎：《狼图腾》，长江文艺出版社2004年版，第334页。
② [美] 唐纳德·沃斯特著：《自然的经济体系——生态思想史》，侯文蕙译，商务印书馆1999年版，第69页。
③ 张秉铎：《畜牧业经济辞典》，内蒙古人民出版社1986年版，第24页。

5. 本质性驱动

首先，草原文化始终恪守其本质性特征。无论草原民族兴起与衰落，草原文化固守其所应该固守的，坚持着其所应该坚持的，吸纳着其所应该吸纳的，变化着其所应该变化的，创新着其所应该创新的。并且果断做出应对危机的重大决策而使民族文化进行或大或小以及不同形式的调整变化，这在世界文化史并不多见，得益于草原文化的集恪守、吸纳、整合、创新于一体的动态文化机制。

其次，草原文化的恪守性与开放性早已为历史所认可。草原文化形成的初期，富于活力的文化整合与发展机制就已经比较成熟。它不但完整继承了自匈奴以后的草原游牧文化，还吸纳了中国农耕文明和中亚及波斯文明文化的某些成就，充分显示了游牧社会和游牧文化的潜力及其本质特性。它还影响了其后的几十个国家和民族的命运，使东西方文化发生交流，为西方文化的发展奠定了基础，指明了方向。[①]

在千余年的蒙古高原上，匈奴、鲜卑、突厥、契丹、女真、蒙古等民族建立过强大的政权，称雄草原。草原文化以草原般的胸怀和气魄有效继承和吸纳了以上诸民族所创造的文化基因，成功地进行了文化的整合与融合。例如蒙古族形成的过程，就是草原文化不断吸纳不同民族文化元素，包括语言和文字的过程。蒙古族这个蒙古高原上的民族共同体，就是由几百个族属各异、信仰不一、语系不同的草原部族所融合而成。蒙古族文字的创立者是畏吾儿人塔统阿，它借用畏吾儿字母，创制了畏吾儿体蒙古文字。《蒙古秘史》就是用畏吾儿体蒙古文字撰写的。后来，当畏吾儿体的蒙古文字不能适应生活生产的实际需要时，著名藏传佛教大师、藏族人八思巴又创制了八思巴蒙古文。本民族的文字倚重外民族的人来创制，这本身就说明草原文化是一种极其开放的文化样式。所以，蒙元时期

[①] 满都夫：《论文化的本质内涵外延》，中国中华民族文化促进会组织的文化高峰论坛内部资料，2004年。

是中国历史上文化最为多元、文化生存环境最为宽松的时期。草原文化也是世界文化的唯一集大成者。

16世纪后半期，明朝取代元朝后，被迫退回草原的蒙古族，其草原文化的动态机制依然发挥着恪守、吸纳、整合、创新的功能。作为一种主流与强势的成熟文化，自发地接触并因地制宜地吸收着藏传佛教，自觉地进行了不同寻常的文化整合与重建，使草原文化具有了更为丰厚的底蕴、更为完整的形态和更为稳定的结构。17世纪中期，当满族成为中国的统治者，正是草原文化促成了草原民族"满汉为一家"的历史演化，草原民族与文化也因此有了新的生机。

最后，趋于文化功能的草原文化内涵对可持续经济的发展起到关键作用。草原文化以其合乎历史进步的积极姿态与现代文明的结合，融合现代文明的内容，吸纳现代文明的成果，实现草原文化的自我发展能力的提升；使草原文化的传统内容得到了延伸、升华，使草原文化成为现代文明的重要载体，使附加在草原文化的经济形式具有了品牌价值。例如，在北方草原盛行了千百年的草原那达慕，如今已不再是草原人们竞技娱乐的舞台，它所要表达的是：通过突出草原地域、草原民族特有的节庆、祭祀、娱乐、餐饮、服饰、工艺、歌舞、历史遗迹等民俗文化与艺术，来加强与生产、商贸、旅游等经济生活的联系，实现与现代文明之间双向互需的有机结合。

第二节　草原文化影响草原企业家思维和行为的战略假定

草原文化的重要表明文化和企业决策间有直线性的因果关系。文化研究告诉我们，作为企业家思维和行为的一个变量，以及企业实践中的一个变量，草原文化并不像权力和制度那样对企业家行为造成明确、直接、即时的影响。文化的影响是无形的、细微的、长期的、全方位的，草原文化最重要的影响在于潜移默化地塑造企业家的思维方式。很大程度上，正是这种思维方式在引导企业家如何理解市场经济中的事物和事件，如何因之做出决定，采取行动，进而影响草原企业家对企业世界的观察和对自身及他人的理解。所以，草原文化在企业战略决策中发挥重要作用。

但文化重要性并不等同于文化决定性。草原文化群体的传统、经验和历史，使草原企业家以一种特定的行为方式，以一种价值观和兴趣来指导草原企业的战略决策。由此可见，草原文化只是以一种文化战略倾向，影响着战略规划。

文化影响战略思维，影响战略规划，也影响战略决策。因此，我们也可以推断，草原文化也在极大地影响着草原企业家的战略领导力。理想性、环境性、共生关系性和动态性这四个关键元素在今天的草原企业中一定发挥着重要作用。所以，在讨论草原文化影响下的企业家行为时，根据草原文化的四个元素的特征范畴，我们推断草原文化对草原企业家的战略行为，也就是企业家战略领导力的影响会体现在"整体""信义"及"变革"的假定中。并且，这些假定在草原企业家制定执行战略目标过程中，将不断地发挥着重要的战略指导作用。

一 整体

草原企业的战略"整体性"是指全行业同舟共济、协调发展的战略思考。草原企业须重视与社会各方面的和谐相处，尤其在处理同行业的关系上，做到平等竞争和战略联盟，相互支持与战略超越。出让企业部分利益，留住各类人才，提升企业的凝聚力、向心力和竞争力。广泛交流，商机无限。与政治资源的联系较为密切，但政治资源又是一把"双刃剑"，在它们的推动下，企业容易发现新的增长点，甚至冒险投资。但当企业倚重的政治资源重新组合时，企业以往的优势又会变成劣势。

草原企业就是把资源优势与产业优势进行高效组合，循环发展和综合利用草原能源，整合上下游产业链，构建经济发展、资源开发利用、环境保护之间的共同支点——产业集群。

任何发展都要以资源为根基、以环境为空间。在新的视角下，经济发展与环境保护的彼此依存度开始显现，草原企业项目实现了大地增绿、环境增色、百姓增收。资料显示内蒙古的草原环境已得到改善，用以下数据足可以说明："大力发展循环产业就是整体性特征的内在驱动。面对国内外经济大气候的影响和不断增大的环境约束力，种类丰富、质量优良的煤炭资源产业结构优化，资源型产业延伸升级。万元GDP能耗下降27.5%，削减二氧化硫1322吨、化学需氧量613吨。草原企业得天独厚的优势地位，促使众多企业洞察先机，选择绿色能源战略。内蒙古草原上的新能源风能资源居全国之首，太阳能资源居全国第二位。全区的草原企业的风电装机突破1000万千瓦，可开发装机容量1.5亿千瓦以上。众多草原企业主导荒漠化防治，不仅有效遏制了沙漠沙地扩展，还促成新行业、新市场、新模式的振兴，改善了农牧业生产环境和可持续发展能力。中国林科院发布的中国森林生态服务评估研究成果数据显示：内蒙古森林年固碳能力为3600.87万吨，居全国第3位。2011年以来，全区空气质量总体评价为二级良好，是全国唯一没有发生酸雨的省区。"[1]

二 信义

信义是一种不可复制的资源。草原企业家必须拥有以信义为核心资源，通过相互信任为渠道，建立起与外部的关系的战略领导能力，这是企业立足市场的必要前提。人无信不立是一个普遍的命题，诚信坚持一次很容易，但坚持几十年甚至一辈子，这就需要一定的信仰来支撑。诚信是草原企业积极进取、持续发展的行为，是企业发展的大局。

企业的存在是以营利为前提的，这是企业投资的最初目的。在

---

[1] 《在推进生态文明中转型》，环境生态网（来源于《内蒙古日报》），http://www.eedu.org.cn/news/region/huabei/nmg/201211/80433.html。

这样一个功利思想的引导下，企业诚信能否始终如一地坚守，是对草原文化熏陶下的企业家们最大的考验。从这个角度分析，企业家的诚信应该是企业成本的一部分，有时甚至需要支付出草原企业的全部收益。

（1）诚信之一：播种未来。2008年春节，南方遭遇了特大冰冻灾害，全国煤炭市场价格暴涨。华东、华南各大客户纷纷向著名的草原煤炭企业伊泰集团告急。面对巨大利益诱惑，伊泰的企业家张双旺做出两大战略决策，其一是要求伊泰坚守诚信不发国难财；其二是要求伊泰集团全体员工积极行动起来，加快加急对灾区的电煤供应。企业家的态度等同于企业利益的取舍，在董事长的感召下，伊泰员工放弃春节休假，以450—530元/吨价格把伊泰的优质动力煤，源源不断地输送到南方。此时的全国煤炭价格，已攀升到1050元/吨，直到后期出现成品倒挂现象，短短3个月的时间，伊泰损失利润近7亿元。

2008年的下半年，全国煤炭市场却异常疲软，煤炭价格骤降。同行业煤炭大量囤积，而伊泰的煤炭却在脱销。一位伊泰大客户指出其中的缘由，在我们最困难的时候，伊泰伸出了温暖的双手，而在伊泰有困难的时候，我们岂能视而不见。在我们的心里，伊泰就是诚信的代名词。草原文化以信誉为保障的交往决策原则和成吉思汗以忠诚为参照的用人制度，在现代企业的战略管理中，其影响力、作用力可见一斑。

（2）诚信之二：担负社会责任。草原现代化大型综合能源化工企业集团内蒙古伊东集团是按照资本管控集团化、产业发展专业化、经营运作市场化方式组建的。下设12家一级子公司，形成煤炭、化工、非金属、置业四大板块，拥有总资产300亿元，员工7000多人。位列中国500强企业第457位，中国民营500强企业第98位，全国煤炭企业100强第33位、全国煤炭企业产量50强第18位，内蒙古自治区民营企业100强第3位。企业家杨二喜为伊东集团确定了"社会支持伊东，伊东回报社会"的企业战略。

2012年6月,当电煤压港数月之后,每吨电煤跌价近200元。煤企中放假检修,裁员减员,降薪停薪已屡见不鲜。也有许多企业选择了限产保价或企业停产。而作为草原企业家的杨二喜思考更多的是诚信——企业长期立足的战略资本。他说:"客户也好,员工也好,都是支持伊东16年的朋友,这个时候,我不能对不住他们。"①

所以,伊东集团企业家的战略选择是,以董事局主席杨二喜为首的高管层下调自己20%的薪酬。同时,要求旗下13家煤矿和12家一级子公司,40多家分公司保持正常生产经营,对内做到不停产、不减员、不降薪,对外做到核算成本,主动降价,保本微利。伊东集团的决策,虽然使企业的直接利润损失达20亿元,但是也宣示草原企业上下同心,和对草原愿景的充足信心。所以,发扬诚信,积极承担社会责任,是众多有远见卓识的草原企业家的战略选择。

三 变革

草原企业出路在于在转变中取胜,在转变中发展,在转变中追求创新。

同样是面临危机环绕的伊东集团,同样是面对艰难抉择的草原企业家杨二喜,面对2006—2007年的市场和草原环境:不断疯涨的煤炭价格,甚至出现一天涨价100元/吨的市场失控行为。草原企业家杨二喜不为所动,而是以敏锐的洞察力和积极的应变力,去追随国家能源政策,做好伊东集团的战略调整。

杨二喜洞察和思考企业的内外环境,认为煤矿持续暴利,电厂连年亏损并不符合市场规律,行业间的利益再分配迟早要发生。对于一个有愿景的企业,如果只看重眼前的利益,就不会有太长远的发展。他决定以实体经济为基础,抵制市场的诱惑,积极与现鄂尔

---

① 朱日岭:《伊东集团煤矿反常不停产:称这时候应主动为政府长脸》,《中国经济周刊》2012年11月6日。

多斯市科技局和中国煤炭研究所合作。规划企业资源战略,进行煤炭转化深加工的研究,做好企业转型升级的准备。几经曲折,终于试验成功了伊东集团的煤转化项目。煤转化后,伊东集团的煤利润增加了 20 元/吨。

在企业家战略应变力的本质要求下,伊东集团乘势而上,滚动投资,重点打造伊东循环经济产业基地,把煤炭精加工产业链条拉长,伊东集团从传统的煤炭生产运销企业转型为以煤炭深加工为主的大型能源化工集团。成为内蒙古最大的煤化工企业和国家循环经济试点单位。

截至 2012 年 9 月,伊东集团虽然也遭遇煤炭市场持续疲软,但仍然实现净利润 11 亿元。不仅如此,假如集团所有的深加工项目真正发挥作用,伊东公司每年可转化 1000 万吨煤炭。可见,草原企业伊东集团的抗御风险,处理危机的战略应变力已得到大幅提升。

变革贯穿在草原企业发展的每一个重要环节。变革中的创新就是草原企业发展的核心。

第三节 模型构建

面对经济全球化、信息化以及环境恶化、资源缺乏、竞争激烈等方面的重大挑战,草原企业家战略领导能力机制体现了发展方式、伦理、经济效益等战略能力要素的逻辑关系,具有整体性、根本性、动态性的特征,是草原物质文化和精神文化的和谐统一(见图 5-1)。

首先,草原战略领导力运行机制的作用机理体现在草原文化核心价值观对草原物质文化的影响。现代文明对草原企业的关注大致集中在以下三个方面:第一,草原民族选择适应草原自然特征的游牧生产方式,并将其中的草原畜牧业、运输业延续至今,形成了与农业生活生产方式相互依存、互为补充、协调发展的经济格局。第二,

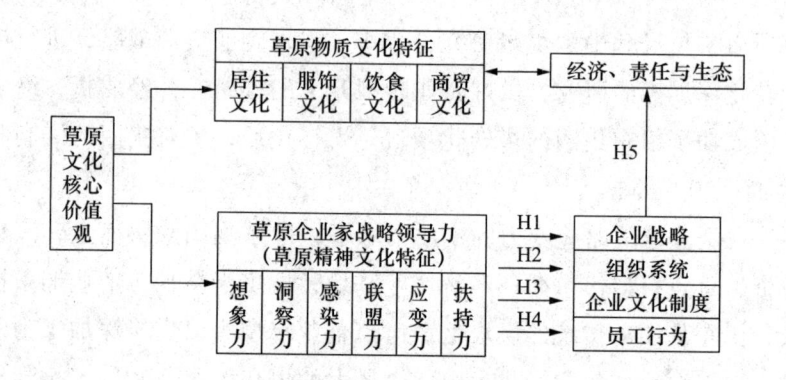

图 5-1 草原文化对企业家战略领导力影响的作用机理

草原民族延续千年的草原丝绸之路至今仍影响着草原商贸业。第三，草原服饰及草原居住习惯对中华民族传统的生产生活习惯，产生广泛的影响。例如胡风南渐、穹庐为居的草原民俗等草原物质文化所包含的穹庐式建筑技术、保护生态的方法、利用资源的手段等草原文化特征。

其次，草原文化核心价值观在草原经济领域的文化辐射，也多数归集到草原企业家群体。作为企业的第一代创业者，其领导能力是历史和环境造成的。企业家的领导能力中，除了商业能力，价值观也是一种战略能力。实际上，企业家的价值观已经为企业设置了增长极限。

最后，受草原文化核心价值观的影响，草原企业家有着进行组织变革的天然的优势。而且自我持续学习的能力非常突出，能不断地突破自己的能力极限，突破企业的增长极限。

所以，在草原战略领导力运行机制的作用机理中，草原管理文化中和谐动态的管理特征，强调企业的守正出奇，而守正是基础，是前提。草原企业家具备企业与社会自然的整体和谐观，对企业的战略、组织系统、文化制度、员工行为产生显著影响。

第六章 草原文化对草原企业家战略领导力的作用机理

第一节 草原文化对草原企业家战略领导力的影响

辽阔的内蒙古大草原,是草原文化的主要传承地。弘扬草原文化,发展草原特色经济,已成为草原企业家的共识。草原文化涉及的区域广阔而久远,多具有丰富而优质的文化资源、旅游资源和自然资源,包括民族风情资源、特色旅游资源、土地资源、草场资源、矿产资源、森林资源、太阳能和风能资源、畜牧资源等。这些资源相互依赖,彼此补充,甚至是同生共存,如何合理利用和开发这些优质的资源,使经济、社会与自然环境资源协调发展,验证着草原企业家的战略思维和行为的能力。

一 理论分析与假设

1. 草原企业家战略领导力与企业战略的关系假设

草原文化影响下的草原企业,为草原人民创造巨量物质财富的同时,也培育出大批卓有成效的草原企业家。在这些企业家中,具有战略领导力的草原企业家往往是偏好事业型;具有一定领导力的企业家往往是偏好财富型。熊彼特(Schumpeter,1963)认为,企业家的生产性活动是一种重要的生产要素,是长期经济增长的源泉。偏好事业型草原企业家更加关注于企业的长远发展,通过实现企业做大做强的愿景,来体现自己的价值。企业家战略领导力通常不会太注重短期的财务数据,所解决的重点问题是企业能够长期发展的战略。因此,本书提出假设 H1:草原企业家战略领导力的价值取向,趋于共享资源、技术、渠道的区域性企业共生战略。

2. 草原企业家战略领导力与企业组织系统的关系假设

企业组织是由人组成的,它存在的目的是发挥企业家的优势并避开企业家管理的不足。这是我们需要企业组织存在的唯一理由。组织的目标是完成任务,因此我们的组织必须划成不同部分的系统来平衡完成短期目标和长期目标。草原企业对战略资源的使用有着内在要求,它在使命、价值观和战略方面存在独特性,在选择企业组织运行结构时,必须明确在特定情况下最终的决策权力和如何决策。特别是在面对企业业务单元结构时,平衡内部的任务要求和服务外部市场要求,协调行业环境中供应商、购买者、替代品、潜在进入者的动态竞争强度和企业战略行为选择,草原企业家的战略领导力将发挥更大作用。因此,本书提出假设 H2:草原企业家战略领导力是企业组织系统调整的基础。

3. 草原企业家战略领导力与企业文化制度的关系假设

迈克尔·哈默(Michael Hammer,1996)认为,组织不仅仅是指一系列的产品和服务,它本身就是一个小的人类社会。像所有社会一样,它培育出特定的文化形式,即企业文化。它反映了企业独特的特性和特定的行为规范,对企业过去的人和事是一种肯定。草原企业的战略选择趋于生态、责任和可持续,草原企业家在这个组织中如何吸引和激励员工、发展团队和战略联盟,以草原文化为内涵的草原企业文化制度成为必然选择。因此,本书提出假设 H3:草原企业家战略领导力与企业文化制度成熟度紧密相关。

4. 草原企业家战略领导力与企业员工行为的关系假设

草原企业家在提出并实现有价值的企业愿景的过程中,必须把重点放在向员工灌输企业愿景的过程上来。让员工以开放的心态和积极参与的精神加入其中,在草原文化影响下的各种软硬约束力的环境里，使企业家和员工行为价值取向趋同。企业家的战略领导力才能真正落实到企业的目标上来。因此，本书提出假设H4：草原企业家战略领导力价值取向左右着企业员工行为。

5. 草原企业家战略领导力与草原企业的关系假设

草原企业家战略领导力只有做到对企业战略、企业组织系统、企业文化制度、企业员工行为的正相关，草原企业才能实现草原愿景，草原企业才能达到经济、责任与生态的融合。因此，本书在实现假设H1、假设H2、假设H3、假设H4的基础上，完成对假设H5——草原企业家战略领导力与草原企业的战略愿景一致的论证。

二 检验假设

自古以来，内蒙古大草原的人、畜牧与自然环境三个系统之间的良性循环，保护了中华民族和人类北部草原的生态环境和生物多样性。草原、沙漠、湖泊、森林、古迹、民俗风情、地下资源"七大奇观"构成了草原地区独特的资源要素组合。同时，也形成草原现代经济的基本发展模式，社会系统、经济系统与生态系统共生式发展。具体到草原现代企业的存在与发展问题，草原文化的核心价值观即草原生态观往往决定草原企业的发展模式、发展规模和发展极限，并对草原企业的规模经济和经济规模的边际状态有着本能要求。

（一）对企业战略的影响

1. 草原文化引领企业发展战略

草原文化因素对草原企业的发展战略有着深层次的影响。草原企业家对企业在行业中组合以及行业地位、业务地域覆盖范围及核心技术等方面，做出新的符合草原特征要求的战略规划时，一旦发现这些新规划与草原实际情况存在一定的差距时，往往主动缩小这种差距所采取的企业战略，这就是草原企业发展路径问题。

草原企业在发展路径的决策上保持了灵活多样的选择，东达蒙古王集团有限公司董事长赵永亮采取利国利民的经济可持续发展方式，规划两条企业战略发展路径。路径一为：治沙，让沙漠变绿，把治沙植物沙柳作为企业优质原料；路径二为：建设生态扶贫移民新村，采用"无土移民、产业扶贫"的方式把村民引入企业产业发展链中。把企业利益和企业社会责任，百姓致富、社会和谐和企业发展有机地结合起来。其所创建并规划的草原企业家战略领导力理念和企业赢利模式在业界广为流传。

2. 对企业经营战略影响

一个企业可以选择以下任一战略：局限于地区内经营、跨地区经营、跨国经营或全球经营战略。草原企业家在企业发展之初，多采用地区内经营和跨地区经营战略，所以必须对草原文化了解透彻，才能保证经营顺利。但是，当企业发展到跨地区的时候，就会有到国外生产和开拓市场的需求，同时需要创新企业商业模式以保证实现企业经营战略。例如，蒙牛集团在确定了跨地区经营战略后，首先采取"先市场、后生产"的商业模式，资金投入集中到了市场扩展方面，而在非核心的资源，如物流基础设施方面尽可能采取外包的商业模式策略，有所为即掌握渠道信息；有所不为即减少低附加值业务。蒙牛有3000多个奶站，1000多辆运输车，10万平方米的员工宿舍，合计总价值达5亿多元，全部是由社会投资完成的。其次蒙牛集团依据"得奶源者得天下"竞争法则，在上游资源奶源的争夺上，蒙牛实施三种奶源供应模式：（1）"公司+农户"传统模式。（2）"公司+规模牧场"探索模式。蒙牛在马鞍山、尚志、张家口等全国十几个主要生产基地投资兴建了万头规模的现代奶牛养殖牧场，改善了合作效益，以奶交易。实现对奶源的全程监控，确保牛奶的完美品质。成为蒙牛供应周边地区的主要奶源基地。（3）"公司+OEM供应商"创新模式。面对乳业资源分布不均，扩张式发展的蒙牛购并地方企业，让当地企业贴牌生产，成为只负责生产不负责销售的OEM供应商，蒙牛统管质量监督。这种"生产车间"衍生模式，使蒙牛在短时间内完成布局全国的战略。

（二）对企业战略层面的组织架构设置的影响

"当企业随着变化着的社会和经济环境的变化而制定出新企业

战略时，即要求组织结构进行根本性的变革。"（钱德勒）① 草原文化对企业组织结构影响深远，可以从三个方面加以分析。草原企业的加盟者较多，无论是子公司还是加盟店，相对的自主权很多，与总部的关系较融洽。企业结构相对扁平一些，层级更少。企业的决策程序较为简单，但决策的民主化趋势明显。

1. 公司总部和地域管理中心的布局之间的战略

草原企业多处于地域广阔的地区，市场范围广，人员分散，经营管理难度较大。多采用公司总部加地方管理中心的控制模式。草原企业的总部定位需全面考虑政治、法律环境的规范性、人才的可获得性、商业文化氛围、资本市场的贴近度、信息化水平、企业形象树立等因素。根据企业实际所设立必要的地方管理中心则需覆盖一定的区域，维系本地区有关的政府管理部门关系，处理当地的资金结算等事宜。比如，小尾羊的总部仍留在内蒙古包头市，面对国内外市场采用的是传统的区域文化管理方式，目前小尾羊集团在北京、深圳、江苏、上海、浙江、安徽分别设立了6家区域管理公司，同时还建立了直营店作为管理样式。管理公司依托直营店的标准来监督和管理区域内的其他各店。目前已有612家门店，其中包括在日本、英国、阿联酋、迪拜、澳大利亚和越南的9家海外门店。

2. 构造业务单元之间的协同战略

企业决策体系由战略、策略、战术（计划）三个层次构成，缺一不可。企业战略在操作中，不可以超越策略层，直接定指标、配资源而具体到战术（计划）层。策略就是组织资源来落实战略。策略首先面对的是组织问题，完整的组织由三个要素构成：组织结构、流程和责权体系。组织结构只是组织状态及布局最后的一个载体或框架。人力、资金、技术等其他的资源在战略的指引下依靠组织去配置，配置就是布局，就是调整。流程的调整就是责权体系的

---

① ［美］弗莱蒙特·E.卡斯特、詹姆斯·E.罗森茨韦克：《组织与管理——系统方法与权变方法》，中国社会科学出版社2009年版，第306页。

调整。所以说，战略决定组织，组织传承战略，以速度见长的草原企业致力于生态产业的战略愿景。

1999年成立的内蒙古蒙牛乳业（集团）股份有限公司，以举国瞩目的蒙牛速度完美塑造了蒙牛的世界。其成功就得益于组织内部的协同：一是采用"先建市场，后建工厂"的营销模式。二是跟进了企业供应链系统。在供应链始端，借助于立体仓库，精确控制产品生命周期。在供应链末端管理库存。因地制宜，以多样化配送网络管理，解决产品的远距离运输和市场投放等问题，实现"从奶头到嘴头，全部管道输送"。三是构建跨企业协同管理平台，掌控销售终端的各种情况。四是对管理人才的开发和共享。[1]

3. 发展速度的设定

草原传统文化中，有一个现象：无论是国家、部落、畜群，兴起时很快，消失的速度也很快，联系近30年来，中国的企业发展过程似乎也有这个特点。就是有众多企业都在以惊人的速度发展着，却转眼间又以更惊人的速度纷纷消失。深究其原因，就在于抵抗不住市场诱惑，超越自身的人才和资金等关键资源的承受能力，片面强调速度，选择上不切实际地冒进，结果造就了诸多泡沫。

近代的草原企业几乎走出了这个怪圈，以史为鉴，应对潜在的危机是草原企业家战略能力的重要体现，草原文化的传统是南下与西进，草原企业在业务地域开拓上的战略选择中仍遵从了这个重要特征。但与中国一般企业的跑马圈地的心态不同。总体看来，草原企业的发展速度以其战略规划期内投资规模、资产规模、营业额和利润增长来衡量。选择了草原区域巩固模型，它所着重的是所进入区域的市场巩固与领先地位而不是求市场覆盖的地理范围的广度。区域巩固模型成为草原企业重要的盈利模型。

（三）对建立和执行企业制度的影响

草原文化强调的理想与现实相结合的思维习惯，表现在社会制

---

[1] 李娟、黄培清：《蒙牛的供应链谋略》，《企业管理》2007年第10期。

度上就是传统文化的约束,体现在企业运营上就是建立和执行企业制度的力度和完整度。

草原生态文化、孝文化与友爱文化是草原民族的三大传统教育主题。草原民族结合制度保障体系、教育体系和生产生活体系,利用各种禁忌、习俗和法规严禁各种可能破坏草原生态的行为,从而把草原民族保护环境的意识与习惯自觉地贯穿到生产和生活的行为中。在历史上,还没有任何一个民族能做到草原民族一样的远见和坚守,制定并运用完备的专门法律体系保护着草原的安宁。

草原企业家们把草原文化的价值理念融入企业管理制度,推动企业管理创新和科技创新,提升企业经营管理水平。例如,草原企业亿利资源集团的发展战略是:保护资源、整合资源、集约资源、实现资源价值最大化和环境损失最小化。企业文化和一整套企业管理制度都是围绕企业战略而制定的。随着企业环境的改变,亿利资源集团的草原企业家王文彪围绕草原文化的生态理念和可持续造福人类的持续目标,制定了更远大的发展战略:依托丰富特色的资源优势,把亿利资源打造成有全球影响力的洁净能源企业、中国领先的医药企业和区域性地产行业领军企业,并坚持不懈致力于沙漠生态建设,为改善气候环境做出贡献。并以企业文化制度的形式落实着企业家的战略愿景。

(四)对管理者和企业员工行为的影响

草原文化影响企业管理者和员工的行为体现在企业的方方面面。草原管理文化是草原企业管理活动行为准则的总和。主要包括企业家为人之道和企业行事之道,核心是企业家为人之道。草原企业家为人之道,是在处理企业及企业员工人际关系中体现出来的。草原人际关系主要包括三个关系:个体(领导和企业员工之间)的关系、群体之间(企业与社会之间)的关系、个体与群体(企业家与企业及社会)之间的关系。处理个体之间的关系、群体之间的关系、个体与群体之间的关系则体现出企业家管理文化的内容。企业行事之道是在处理人与事的关系中体现的,受企业家为人之道所支配。在三种人格类型——利己型、利他型、协调型中，企业家遵循什么样的为人之道，就会采取什么样的企业行事之道——分别对应的是自我发展型、社会责任型、战略协调（平衡）型。草原文化所支配的企业就是社会责任型（见图6-1）。

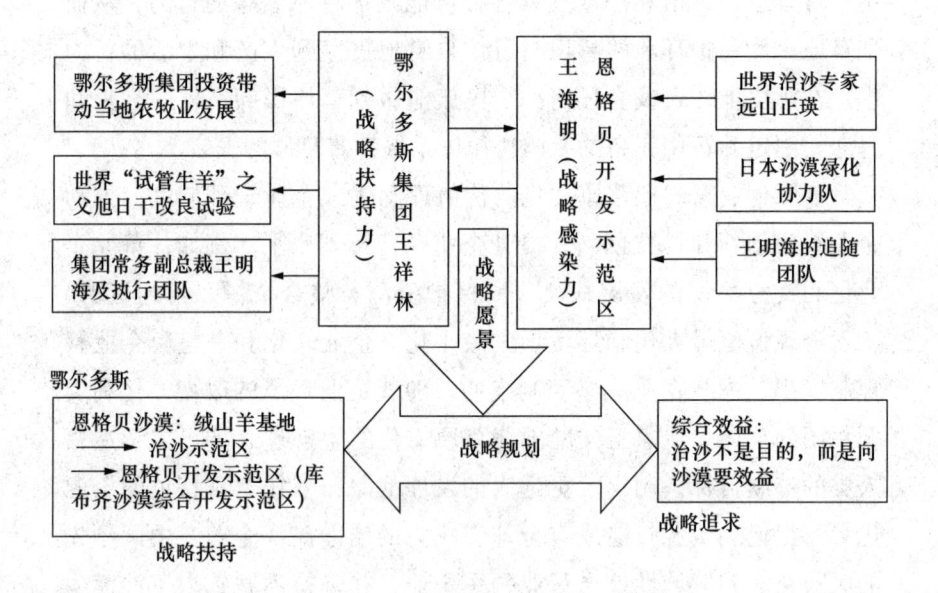

```
鄂尔多斯集团投资带动当地农牧业发展 → 鄂尔多斯集团王祥林（战略扶持力） → 恩格贝开发示范区王海明（战略感染力） ← 世界治沙专家远山正瑛
世界"试管牛羊"之父旭日干改良试验 →                                                              ← 日本沙漠绿化协力队
集团常务副总裁王明海及执行团队 →                                                                  ← 王明海的追随团队

鄂尔多斯
恩格贝沙漠：绒山羊基地
  → 治沙示范区
  → 恩格贝开发示范区（库布齐沙漠综合开发示范区）
            战略愿景
            战略规划
                                综合效益：治沙不是目的，而是向沙漠要效益
战略扶持                         战略追求
```

图6-1　草原文化所支配的社会责任型企业

例如鄂尔多斯集团恪守"报效祖国、荣辱不惊、装点家园、铸造人生"的价值观，强调企业员工要"讲忠诚、讲责任、讲追求"和"集智、放胆、拓荒、创新"，以更加雄厚的经济实力，更加强劲的发展活力，更加和谐的文化魅力走向世界。①

集团的战略决策者经过1989年的羊绒大战，意识到原料的重要性，而提高山羊绒产量必须有科技做保障。企业采取了当时最早的校企结合的合作形式，请旭日干博士对不同的山羊品种进行了创新

---

① 李武：《鄂尔多斯上市公司：支撑业绩不止天然资源》，《财经时报》2008年9月12日。

性的杂交改良试验，培育成功了新品种的高产量绒山羊，为形成大规模效益，王明海负责到恩格贝考察后决定建立绒山羊基地。与此同时，鄂尔多斯集团决定规划一项战略型社会责任目标：以培养优质绒山羊为龙头，带动当地农牧业发展。

性格豪爽的王明海在恩格贝沙漠，筑坝引水盖房子，种草种树养山羊，并得到各方面的大力支持，包括世界治沙专家远山正瑛、日本沙漠绿化协力队和地方政府的支持。很快，绒山羊基地被企业与社会共同向往的宏伟目标治沙示范区所替代。但是，在投入了巨资之后，集团才意识到，这是一项宏大而又长期的工程，它牵涉到林业、农业、水利、能源等方面，在市场经济体制，一个讲求投入产出率的企业很难独立完成这一集治沙、防沙、绿化乃至综合开发为一体的宏大工程。

经过多方论证，1994年年底，王明海放弃在鄂尔多斯集团的职位、优厚的生活和已成就的事业，成立了"库布齐沙漠综合开发示范区"，即现如今的恩格贝开发示范区，采取了个人负责开发区的新机制，即由王明海个人经营恩格贝全部资产。集团的中层干部、职工们听到王明海决定后，毅然表示要留下"和王总一块干"，纷纷放弃原单位的公职。日本治沙专家远山正瑛先生曾经动情地讲到，"王明海好。如果不是王明海，我不会来这个地方"。王明海为恩格贝这片沙漠投入了全部的精力以及从多方筹来的近亿元资金，终于达到企业最低的战略目标：拦住洪水，修成水库并创造性地利用洪害治理沙害，植树超过百万棵，控制了30万亩沙漠，有沙漠花卉、沙生野菜和粮、菜、牧草等经济作物的种植，除自给外还能销往国外。有清澈的矿泉水。引进经济价值可观的纯种非洲鸵鸟及孔雀，发展沙漠养殖业、沙漠旅游业等。

（五）小结

草原文化的价值观渗透和强化了草原企业经济背后的文化力，而企业的文化力在转化为经济力时，是以企业家的活动来影响企业管理的各项活动。在草原文化的作用下，草原企业形成独具魅力的企业文化，塑造了责任有为、面向全球的企业形象，开发了健康高品位的产品。

草原文化对企业家战略领导力的影响作用，集中体现在两点。一是对草原企业文化的作用。内涵丰富的草原文化为草原企业的企业文化建设提供营养。草原企业也在吸收草原文化的精华，来塑造企业自身的价值观和企业精神，构建了极具草原特色的企业文化。二是对企业行为的影响。"企业行为是企业文化外在的表现和实践，具体表现为企业家的行为。"在草原文化的启示下，众多草原企业确定了远大的战略。草原文化价值观以诚信维系市场，达到最低的交易成本和管理成本，称为和谐经济。考量和谐关系绩效、员工关怀绩效、社会关怀绩效、经济责任绩效等维度，所达到的和谐称为和谐商道。选择绿色的、低碳的产业发展模式所达到的生态平衡称为和谐生态。

第二节 多案例比较研究

中西部地区的草原企业如何才能实现持续式的跨越式发展，面对这样一个现实而重大的企业管理实践问题，国内目前主要有三类观点：(1) 强调运用战略规划这一核心工具，以一流的战略与领导来创建一流企业的战略与领导论；(2) 战略资源论，即立足西部资源特色，通过西部大开发来创建一流企业，其中又可分为政策倾斜论、治理创新论、发达地区帮扶论；(3) 生态论，即强调通过恢复生态环境，创建生态循环经济来创建一流西部企业。具体到西部草原地区的企业在可持续发展的战略摸索中，以上观点是否全部或部分准确，本书选择草原典型企业，进行多案例比较分析。

一 研究设计与样本选择

本书选择了内蒙古的上市或即将上市的三个民营企业进行案例分析。这三个草原企业分别是：东达蒙古王集团、蒙牛集团和小肥羊集团。之所以选择这三家分属不同行业的草原民营企业，在于一个相同的原因：它们均在一个相对较短时期内，依靠企业家自身的战略领导力，使所属企业实现了从创业（或后来者）向行业领先（或世界知名）的大型企业集团的跨越式发展。本书的研究问题属于"企业为什么做"和"企业如何做"的问题，因此选择并采用了案例研究方法。同时，为了充分检验与修正相关理论或假设，本书又采用了多案例的比较研究。这三个案例企业的基本情况如表6-1所示。

表6-1　　　　　　　三个案例的基本情况

企业名称	创建时间	快速发展阶段	固定资产（亿元）	上市时间	战略特征	行业特色
A 东达蒙古王集团①	1996年	1998—2007年	150		绿色循环	草原生态业
B 蒙牛集团②	1999年	1999—2004年	市值浮动	2004年	全球资源	草原乳业
C 小肥羊集团③	1999年	1999—2006年	市值浮动	2008年	加盟商资源	草原餐饮业

资料来源：A：东达蒙古王集团网站，2012年。
B：该数据为2008年数据。见常留贤《牛根生与蒙牛文化》。
C：该数据为2008年数据。见小肥羊《招股章程》披露。

A：东达蒙古王集团是由原鄂尔多斯所属厂厂长赵永亮于1996年创建，重点培育紧跟北派羊绒加工代表企业鄂尔多斯、鹿王之后的东达蒙古王羊绒服饰品牌，1997年，经历了全国第三次羊绒大战后，为了分散单一产业的经营风险，开始思考规划多元化经营并进

---

① 东达蒙古王集团（官方网站），http://www.dongda.com.cn/About.aspx。
② 常留贤：《牛根生与蒙牛文化》，《企业改革与管理》2008年第5期。
③ 小肥羊集团（官方网站），小肥羊2008年《招股章程》，http://www.littlesheep.com。

军沙漠。1998—2007年成为二次创业的产业转型的快速发展时期，双赢利模式改变了草原人的行为，使东达蒙古王集团很快踏上多元化经营发展的轨道，治沙产业、新型农牧业、羊绒加工、房地产、路桥建设等多项产业并举，到2012年年底，集团拥有54个成员企业，11000多名员工，总资产150亿元。已安排2000余名下岗职工再就业，累计为国家上缴税费14.5亿元；并投资3亿多元用于生态建设，拉动12万户农牧民增收致富；新农村建设资金已投入35亿元；用于各项社会公益事业资金2.9亿元；救治了100多名先天性心脏病患儿。形成了面向市场的路桥、房地产、绒毛、新型农牧产业、酒店服务、林沙草、文化七大产业。

B：蒙牛乳业股份有限公司（以下简称蒙牛）创建于1999年7月，当年的销售额就达4000万元。企业老总牛根生原是伊利的副总裁，1999年从伊利辞职下海，始创蒙牛。由于在伊利建立和积累了良好的人脉以及丰富的管理经验，从一开始筹建，牛根生就决定按照行业最先进的企业标准来建立，起步便剑指行业老二。到2006年年底，蒙牛总资产近76亿元，职工达3万人，年度销售额162.48亿元，利润7.27亿元，全员劳动生产率54.16万元/人年，建设奶站3200多个，联系奶农200多万户。十年时间不到，以令全世界瞩目的发展速度，蒙牛一跃成为中国乳业老大。支撑蒙牛超常规发展的因素有很多，但企业家和企业文化者两个要素最为主要。草原企业家牛根生的战略领导力特征，促使企业的忧患意识转化成文化驱动力，并深深影响和塑造着蒙牛人的性格，增强了整个企业的进取意识和开拓精神，草原文化升华为蒙牛企业的独特企业文化，并影响着企业未来的发展。选择该企业进行研究，不仅是因为该企业快速发展的业绩，也因为该案例在西部企业中具有重要的借鉴意义。从某种意义上讲，蒙牛的企业文化就是蒙牛企业家文化，企业发展史就是蒙牛企业掌门人的个人奋斗史。人心的向背决定了组织的兴衰走向，蒙牛的企业家经营人心、凝聚人心、征服人心的过程正好代表着草原管理文化中的最高境界。

在小肥羊的案例中,我们可以看出,小肥羊盈利组成部分有直营店、食品销售和特许加盟,但是,其直营店的运营能力才是小肥羊的第一核心竞争力。因为其业绩增长完全来自直营店数的增加。2008年成功上市后,募集资金中的70%将用于新建及收购餐厅,到2010年自营餐厅已近300间。小肥羊赢利的持续增长是可以期待的,并且暂时还看不出这种增长的极限。

C:小肥羊集团,1999年8月,张钢与陈洪凯在包头开办小肥羊餐厅开始,到2003年,仅仅3年,小肥羊门店数就跃上了610家,营业额逾30亿元、消耗羊肉3万吨,成为中国餐饮行业首屈一指的连锁大王。与众多草莽型高速扩张的连锁餐饮一样,没有餐饮管理经历的创始团队的小肥羊的发展也极为粗放,在品牌影响力的大旗下销售羊肉是主旨、聚敛加盟费只是副业。2004年,同在内蒙古的蒙牛的上市启发了小肥羊,对蒙牛集团的追随学习效仿,使小肥羊脱胎换骨。在蒙牛的支持下,蒙牛功臣卢文兵正式来到小肥羊任常务副总裁,运用"关、延、收、合"四招,整理加盟店,小肥羊选择的合作伙伴是3i和普凯资本。于2008年6月2日,小肥羊集团在香港公开发售2.452亿股(代码00968.HK),其中包括1.747亿新股,7048万两家投资基金的旧股。按发行价格区间中位数3.18港元计算,此次发售小肥羊和私募基金分别获得5.57亿港元和2.24亿港元。截至2008年3月31日,小肥羊在全球共有350家餐厅,包括103家自营餐厅及247家特许经营餐厅,遍及中国内地、香港地区、澳门地区以及海外市场如日本、美国、加拿大和印度尼西亚。

二 主要资料

由于时间和条件的不足,本书研究收集一手资料存在较大的难度,所以主要采取收集可靠、翔实的二手资料进行分析。为了保证资料的可靠性和真实性,本书主要以三所企业跨越式发展期间的主要领导者的自述性传记/著作为一手资料的替代,同时参照其他多种权威的相关研究资料,对本书的主要观点和资料予以补充。

研究依据的主要资料包括：（1）东达蒙古王集团：管理者著述包括东达蒙古王网站关于东达蒙古王集团历史与战略规划的介绍[①]；董事局主席赵文亮关于东达蒙古王经验的总结；钱学森"沙草产业理论"的内蒙古样本。[②]

（2）蒙牛集团：李志刚、李兴旺：《蒙牛公司快速成长模式及其影响因素研究——扎根理论研究方法的运用》，《管理科学》2006年第3期；洪亮：《破解中国企业高成长密码——拿华为和蒙牛比比看》，《中国中小企业》2007年第4期；佟显永：《蒙牛和伊利如何玩转联销体》，《中国乳业》2007年第4期。

（3）小肥羊集团：2008年小肥羊《招股章程》。

三 资料分析

这些草原成功企业的普遍意义的内涵在于，这三个企业在各自的战略应用时，共同的战略特征都结合企业环境的实际，进行了灵活创新，所以，我们在追寻这些企业时，发现它们的共同点才可能是草原企业家的战略特点。草原企业的跨越式发展，从本质上要求草原企业家的领导能力具有前瞻与规划、沟通与应变、诚信与和谐的领导艺术，进而把草原企业家领导力解构为战略思考与规划、战略决策与管理、战略品质与行为这三个范畴。

（一）战略思考与规划

（1）这三个草原企业的主要领导人均来自成功的草原企业，拥有明确的战略愿景。

（2）这三个草原企业的企业家在创业之初，能对企业发展和终极目标进行规划和描述，能够帮助企业员工规划事业人生，并影响员工做重要决定。特别是在企业面临复杂的不利的境况下，能从长远出发，果断决策，从容应对。以坚定的、持久的恒心领导企业走向辉煌。

[①] http://www.dongda.com.cn.
[②] 钱学森：《"沙草产业理论"的内蒙古样本》，《解放日报》2009年11月13日。

（3）这三个草原企业也都拥有一支在企业家理想与愿景指引下的管理团队，紧紧依靠企业制度，培养企业战略人才，保证战略接班人顺利到位。

（二）战略决策与管理

这三个草原企业跨越式发展的战略实践表明，在草原企业中存在着草原文化影响下的战略管理规律，这些企业的企业家在企业管理过程中的行为和能力，突出体现了草原企业家的战略领导力。本书可以从理论和实证上进行分析。

1."小肥羊"满足需求、勇于创新

纵观企业成长中，餐饮业似乎是一切行业中门槛最低但竞争也最激烈的行业。餐饮业要想做强做大，原料市场、消费市场、资本市场、人才市场、城镇基础设施、物流配送等综合因素，构成餐饮连锁企业发展的外部限制条件。所以，我们分析草原明珠"小肥羊"的增长极限能否与麦当劳和肯德基的数万家店看齐，关键在于把握小肥羊的可持续发展性。

"小肥羊"的创新与创造，首先体现在观念上。首创小肥羊的涮羊肉不蘸小料，这一点就与中国传统的涮羊肉划清了界限，为小肥羊下一步的创新工作能被广大消费者接受奠定了基础。其次体现在形式上。因为小肥羊饮食属于中式快餐，简单、快捷，同时也符合现代生活的快节奏的要求，得到众多潜在消费者的认可。再次体现在内容上。小肥羊把60多味符合人体健康的中药、调料配制成特色火锅锅底，这种饮食特色，极大地吸引了喜爱美食的消费者。最后体现在关键的技术上。小肥羊原料加工技术的创新，为其经营提供了极大便利。极大降低服务成本，提高服务效率，是餐饮服务上的重大创造。

可以说草原企业的成功归根结底在于革新了技术工具，从而把复杂的餐饮业的事情简单化。

草原地区特色饮食虽然丰富，但时代在变，消费者的需求也在变化，草原企业要开拓更大的市场，摆脱同质化竞争，必须从草原文化中汲取战略思维元素。洞悉市场的内在变化，用不断变化的草原产品、服务、观念、技术满足不断变化的消费者的潜在需求。

2. "蒙牛"面对危机、抓住机遇

企业领导人的个人品质达到了更高层次。随着企业规模的不断扩大，企业发展的关键从单纯的产品层面上升到制度、文化甚至产业领袖能力等更高层面。企业领导人从优秀（Good）上升到卓越（Great）的层次。

牛根生的蒙牛乳业，在国内上市失败后，积极应对，转而寻求大摩等三家金融机构的支持。在风险与机会的决策中，牛根生向外资金融机构引入了双层"对赌协议"。即三年中，蒙牛乳业的业绩复合年增长率如果低于50%，牛根生的管理团队将失去上市公司中6000万—7000万的股份；如果连续三年增长高于50%，对赌的外资机构奖励蒙牛管理团队相应的股份。

大摩、鼎辉和英联三家外资以每股10.1元的成本，取得蒙牛32.7%的股份。同时，三家外资通过可转债向蒙牛注资3523万美元，折合人民币2.9亿元。又经毛里求斯公司的投资换取蒙牛乳业66.7%的股权。根据双方可转债文据，约定的未来换股价每股是0.74港元。[1] "对赌协议"蕴含的风险显而易见。

面对协议中似乎不可能完成的对赌预期目标，获得了风险投资的牛根生的蒙牛团队以速度控制了风险。从2001年到2004年，蒙牛团队从容面对，销售收入分别是7.24亿元、16.68亿元、40.715亿元和72.138亿元，年复合增长率达到120%。远超协议的对赌条件，摩根等三家外资投行对赌失败。牛根生的蒙牛管理层获奖6260万余股中国蒙牛乳业股票。

至此，草原企业家管理者在国际资本市场上创造的对赌，也成就了草原企业蒙牛与国际企业合作共赢的战略联盟。牛根生用全球

---

[1] 叶建芳、邱显婷：《伊利和蒙牛股权激励的对比分析》，《财政监督》2008年第5期。

的资源，振兴民族工业，铸就蒙牛品牌的卓越战略领导力，显然源于蒙牛的战略领导人的忧患意识，以及应对危机的出色能力。

3."东达蒙古王"洞察资源、突出优势

重视知识的力量，勇于实践沙产业理论。我国著名科学家钱学森认为沙漠里蕴藏着巨大的经济效益和社会效益。沙柳作为内蒙古沙漠地区的主要树种和本土树种，有明显的抗风沙、耐干旱的特性。但是沙柳必须每3年平茬一次，否则就会枯死；据有关资料显示，对沙柳的平茬复壮是重要的科学托育管理方式，平茬后的沙柳更新单株，滋长范围会比平茬前增加8倍，防风固沙能力提高10倍。此外，如果沙柳只发挥生态效益，开发利用方面缺乏规划，老百姓种植积极性自然不高，沙漠上的沙柳会越来越少。

1998年，东达蒙古王集团收购鄂尔多斯市达拉特旗造纸厂后，立项年产50万吨的沙柳制浆箱板纸项目，企业开始投产生态循环产业。当地的农牧民通过订单种植沙柳，当年增收600多万元。农民种植热情高涨，种植沙柳的收入达3亿元，生态恢复速度惊人，同时，企业产值达18亿元，上缴利税近3亿元。沙柳产业的成功运作，又促使赵永亮依照集中发展、收缩转移的战略，规划了以循环链接每个产业的生态产业战略，即以生态产业为龙头，投资10亿元，建设一座产业化、现代化、生态化、智能化、科技化的城市型生态移民扶贫新村。

东达蒙古王集团的战略愿景是促成扶贫新村与沙产业硅谷的结合。达拉特旗周边可用于种植沙柳的生态恶化区，将近6000平方千米。企业规划打造一个沙产业硅谷，以综合服务园区、特色养殖园区、工业产业园区、公共设施园区和生态民族文化旅游园区等扶贫新村的五大园区为支撑点，形成生态产业链。成为企业可持续发展的核心竞争力。

（三）战略品质与行为

几乎与蒙牛董事长牛根生"财散人聚、财聚人散"的做法如出一辙，小肥羊董事长张钢也主张"有钱大家赚"的思想，即使是东达蒙古王董事长赵永亮也认为，企业家就得为老百姓拿钱，否则你就是"狗皮膏药"。草原企业家豪爽、诚信的个性和作风，做企业就是做企业文化，通过企业文化建设，树立追求卓越的企业远大理想。进而统一员工的思想与行为，激发员工为之共同奋斗的内在动机。此外，草原企业家均采用极具竞争力的物质激励手段，不仅解除了员工的后顾之忧，而且激发了员工努力奋斗的动力，继牛根生捐出个人股份收益后，蒙牛管理团队于2005年4月7日集体捐出战略投资者提前兑现的激励股权收益的80%，用于帮扶特困员工，改善员工集体福利，奖励经营管理、市场销售研发技术、生产奶源等八大领域的突出贡献者。[1]

综上，在草原历史上，草原民族的游牧生产方式和畜牧业的产品单一性，造就了草原文化中的开放意识和商品交易的强烈愿望。马克思曾明确指出，是"游牧民族最先发展了货币形式"。[2] 草原文化这种商业文化特征的传承，如冒险精神、竞争精神和创新精神，正是草原企业家所拥有的领导力优势所在。市场经济就是法制经济，就是诚信经济，草原传统文化中遵章守规的意识和诚实守信的品质是草原企业家能自如地融入市场经济的本质原因。

但是，历史上的草原文化面对的环境与现代市场经济有明显不同。历史的草原文化中所重视的是如何才能顺利交换；而现代市场经济所追求的是企业产品的科技含量与文化内涵。所以，草原文化对接现代市场经济文化的过程中，既要传承草原文化的精华，又要推进草原文化的发展创新。具体到执行草原经济运行过程的企业家，其战略领导力的创新才是草原文化的关键。

---

[1] 李彤：《"蒙牛版"小肥羊的拐点征兆》，《商界评论》2008年第6期。
[2] 《马克思恩格斯全集》（第二、三卷），人民出版社1972年版，第107页。

第七章 创新草原企业家战略领导力

随着市场环境的急速变化和日趋激烈的竞争,战略领导力与管理文化正成为企业制胜的关键。许多案例表明,即使是好的战略也不一定能引领企业成功,更重要的是企业决策者具有能够实施战略和调整战略的领导力,并且具有管理文化的支撑与渗透,使独特的企业文化变成企业创新发展的根本保障。

草原文化的精髓和优势在于速度,市场的竞争历来就是时间和速度的竞争,草原企业家要在当前错综复杂、快速变化的国内外经济形势下,洞察经济形式中有利因素,实施战略思维,把握时机,战略规划,动态应对市场变化,掌控行业竞争的制高点和主动权。

草原文化的精髓和优势还在于草原企业家对新观念、新技术、新经验的包容、学习与吸收,特别是草原企业家在现代知识与技术的日新月异的提升中,保持了企业优势。大胆的学习使草原企业家的战略领导力倍增,推动了草原企业的管理创新、科技创新,研究实施创新驱动发展战略,推动地区经济结构的战略性调整,为企业在区域的跨越式发展增添新动力。

服务家乡,服务自然,服务社会,服务企业合作者的战略责任,要求草原企业家积极承担并构建草原商业文明,以草原企业共赢模式发展生态经济,保护企业发展的自然环境,回报社会,提升草原企业的竞争实力,实现草原企业的战略愿景。

当前,国内的企业界由于缺乏具有战略领导力的管理人才,致使企业难以从顶端开始,多屈居于产业价值链的底端,企业寿命短,利润薄,且困难重重,抗风险能力及可持续发展能力严重不足。战略领导者需要具备某些关键的领导素质与能力,而在中国的跨国公司所培养的企业人才,也多是执行层面的、能力单一的企业管理者。最为担忧的是中国的教育体系和经济体系,至今没有培养企业管理者、战略领导力的环境和土壤。

所以,在有传统优势的草原文化体系内,培养草原企业家从更高、更广、更远的角度思维,提升企业的动态竞争能力,引领企业的可持续发展,规划企业发展战略。而具体到草原企业实施新战略的总趋势,就是提升草原企业家的学习的能力、创新的能力和服务的能力。

第一节 注重草原企业家战略领导力的动态提升

随着全球经济一体化及全球信息化进程不断加快,企业之间的竞争方式和竞争程度也有所不同,对于这种复杂和快速变化的竞争现象,美国达特茅斯学院塔克商学院(Tuck School of Business)战略管理教授理查德·达维尼(Richard A. D Aveni)于1994年主编并出版了具有代表性的论文集《超级动态竞争战略》(Hyper – petition: Managing the Dynamics of Strategic Maneuvering),其中首次采用了极度或者超级竞争的概念进行表述。1996年,George S. Day(乔治·戴伊)和David J. Reibstein(大卫·雷布斯坦)又合编《动态竞争战略》(Wharton on Dynamic Competitive Strategy)的论文集,正式使用了动态竞争的概念。认为在特定行业内,如果因为个别企业所采取的种种的市场竞争行为,常常会引发竞争企业对此行为采取回应的企业行为;进而,这种回应的企业行为又会影响到最早采取竞争行为企业的再次反应,可见,动态竞争是一种企业行为互动的竞争过程。

动态竞争(Dynamic Competitive)说明了企业竞争优势虽然存在,但难以保持的状态。美国战略管理者陈明哲认为,传统的竞争战略的重要目标是消灭竞争对手，动态竞争战略在于企业家通过动态竞争策略，削弱竞争对手的优势。

趋于动态竞争战略的草原企业家战略领导力，在于企业家善于把握竞争企业之间的战略互动（Strategic Interactions），并能及时制定营销和发展战略的能力，它是草原企业取得动态竞争优势的决定因素。草原企业的动态竞争战略则是指草原企业家为保证企业长期、稳定和持续地获得高于市场平均水平的收益率，必须针对市场竞争环境，进行动态的战略思考和战略规划。甘于放弃自己原有的优势，不断地构建企业独特的资源优势，并对企业实施战略管理，确立企业新的竞争优势。

一　草原企业家要形成动态竞争的互动模式

动态竞争战略的有效性受草原文化的影响，取决于时间和速度的领先。处于信息化时代的草原企业家，面对高度不确定的市场环境以及需求变化更大的消费者，必须具有战略思维能力，对需求和潜在供给的市场，具有敏锐的洞察力，动态战略的制定流程如图7-1所示。

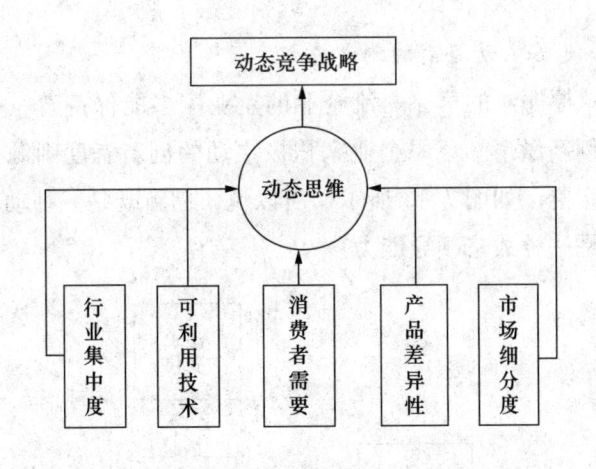

图7-1　动态战略的制定流程

动态条件下的战略思考和形成战略的思维模式发生了变化。如果企业家不去了解动态竞争的性质和特点，不具备新的思维模式，就无法制定有效的动态竞争战略。因为动态竞争的特点已经与静态竞争条件（见图7-2）完全不同。表现在三个方面，其一是市场和技术的国际化促使企业间竞争的加剧，市场和技术的共享性使竞争对手之间难以达成默契；使动态竞争战略是高度和强度的竞争。其二是动态竞争被市场环境，特别是消费者的取向所推动的。其三是动态竞争战略是暂时的和可变的优势。竞争者之间的战略互动明显，企业的抢先战略有可能被竞争对手的后来战略所削弱。

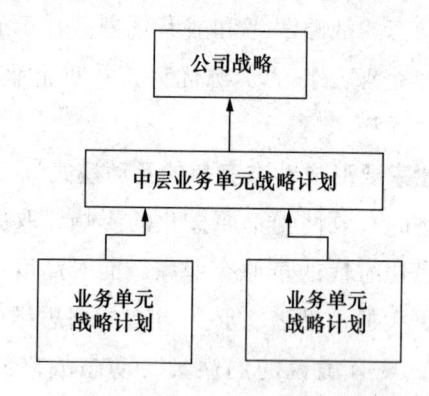

图7-2 静态战略的制定流程

（一）具备主动超前的创新意识

具有草原愿景的草原一流企业的企业家多能保持着一种动态思维和一种创新激情。草原企业家积极主动的创新态度则源于内心的草原文化意愿。如图7-3所示，所以说，创新既是一种动态的思维模式，也是一种战略领导能力。

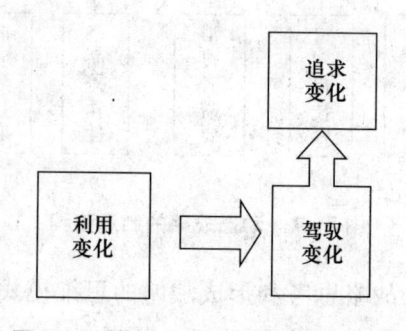

图7-3 草原企业家的动态思维模式

在动态竞争条件下，创新不仅能使企业增强原有的竞争优势，还能扩大企业经营的领域。草原企业的任何方面中的一个环节的创新，包括商业模式、管理方式、激励方式，还有技术、市场、制度等，都有可能为企业带来无限的商机，增加企业的硬度、宽度和高度。例如，草原企业蒙牛商业模式的创新，创造了世界一流的企业营销革命。看似简单的商业模式，却使其他企业无法模仿。

（二）具备持续动态的学习能力

面对企业科技知识的日新月异，草原企业的知识更新速度不断加快。基于资源路径依赖的草原学习型企业（Path – Dependent Learning）将通过有目的的系统学习，提高整个企业的学习气氛、学习能力和学习效率，持续创新员工自觉学习的方式，打造优秀的草原企业文化。并不断发展企业的动态能力，提升企业的创造能力和服务能力，确保企业在动态竞争中保持优势的地位，并持续获取超额回报。

特别是在未来的国际化的竞争中，草原企业如何才能拥有梦寐以求的可持续竞争优势？草原持续动态的学习将成为企业不竭生命力的源泉，如图7-4所示。然而，这并不是说，通过动态学习效应，企业都有能力阻止竞争对手赶超自己，而是说，企业要确保竞争优势，就必须选择最佳能力发展轨迹（Optimal Capability Development Trajectory），即不存在同样高效的替代性轨线并使企业保持在先发制人的位置。

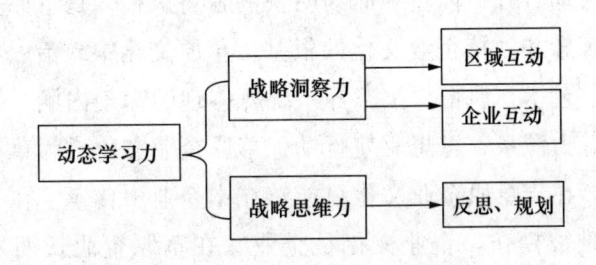

图7-4 草原企业家的动态学习能力

二 草原企业家要规划动态竞争的企业战略

草原民族面向草原,生存在蒙古高原几千年,选择了游牧,才逐渐壮大,创造了震惊世界的游牧文明,并一直完好保存了草原,证明了动态在草原地区的合理性。费孝通先生在《乡土中国》①中说:"一位到内蒙古旅行的美国朋友很奇怪地问我:你们中原的人,到了这最适宜于放牧的草原上,依旧锄地播种,真像是向土地里钻,看不到其他利用这片土地的方法了。"蒙古高原的东南部是古代人畜最集中、最重要、最好的牧场,也是中国历史上最好的草原。今日却变成中国最北、最冷、最旱,也是收成最差的农田。历史证明,我们曾用静止的思维做出了最坏的选择。我们始终无法改掉用农耕文明的心态面对草原游牧文明的习惯思维,这将彻底扼杀草原生态经济系统和它体现出的草原文化,或将彻底失去中国北方的绿色屏障。

清朝的旗制,新中国的公社化,20世纪90年代推行的草畜双承包,缩小了草原牧区游牧的范围,这样的结果导致了草原只有一季好的草场,而且草场定居点周边的无草区域却在不停地扩大,牲畜为了吃到草,需要走的路程就会越来越远。而具体到今天所实施的舍饲围封转移的结果,又使圈养的山羊蹄长绒少,牛羊肉质下降,失去了绿色资源品牌的优势,导致成本上升,竞争力下降。历史的经验和教训教育我们:动态才是草原的本能。

草原文化是草原民族富有想象力、创造力、竞争力的文化根源,有着包容灵动、开拓创新和简约明快的独特风格,是草原企业所拥有的战略理念和独特企业文化的根基。草原文化中政治、经济、军事、法制、艺术、风俗、生态等系统所体现的深刻内涵,是草原企业文化的魅力源泉,思想驱使行动,草原企业文化成为草原企业核心竞争力,在于草原企业文化只能够在本企业中传承,在于草原企业文化很难被模仿。企业文化是企业家在草原企业长期发展过程

---

① 费孝通:《乡土中国》,人民出版社2008年版,第3页。

中，由企业家提出、确定和所倡导的企业行为，最终形成的企业全体员工共同认可的价值观和企业愿景，并自觉规范着企业全体员工的行为。

草原文化是原生态的概念，是草原企业的第一品牌，是草原企业最大的无形资产，是任何有形资源所无法替代的稀有资源。它代表着广阔无垠、热情奔放和生机蓬勃。但是，在草原企业所从事的行业中，遇到的竞争动态程度和反应速度，与国外的市场环境比较，有过之而无不及。

而这些企业能够继承和培育草原文化内涵理念，始终沿着草原企业生态方向，充分依靠优秀的、颇具个性的草原企业文化和独具特色的品牌形象，创造出众多成长奇迹。例如小肥羊、小尾羊；蒙牛、伊利；鄂尔多斯、东达蒙古王；伊泰、亿利等众多一流企业依托草原文化，应对草原内外市场的共同压力，以草原文化的品质走向全世界的，已经打造出同行业企业难以模仿和竞争的草原名牌产品。2010年，小肥羊领衔全国33家品牌餐饮入驻上海世博园的中华美食街，小肥羊又一次引起了业界的关注。纵观小肥羊的发展历程，其实就能看到草原企业在制度创新、战略创新、文化创新方面所做的努力和实践。十年时间，小肥羊从包头的一家路边小店，成为拥有近500家分店的全球餐饮连锁集团，如果不是创始人有草原般的胸怀和开放合作的共赢战略理念，小肥羊的格局绝不会如此宏大。因此，辽阔美丽的内蒙古草原是小肥羊赖以成长发展的母体，没有大草原就没有小肥羊。

三 草原企业家要选择绿色生态的企业规则

企业资源论[①]（the resource-based view of the firm，RBV）是一种新的战略分析框架。这种方法论以经济学为基础，阐释了在动态竞争环境里，企业资源提升绩效的途径。

各个行业在市场结构、竞争结构和产品、技术等方面均存在差

---

① 沃·纳菲尔特：《企业资源学说》，《战略管理》1984年第6期。

异。在我国改革开放过程中,由于各种制度的不健全和市场机制的不完善,许多一流企业以高投入、高增长、高负债的增长战略和不相关的多元化战略,实现企业的高速发展。同时,形成一种低水平的供过于求和你死我活的超级行业恶性竞争,并导致行业结构的普遍恶化。

根据企业资源论的逻辑,企业的竞争优势最终要归结于自身已拥有的价值的资源。这种资源使企业的竞争优势更强、企业绩效更好。改变规则和创新以寻求暂时优势的办法;实力相当、创新能力强的行业,动态竞争的水平就比较高。

拥有稀缺资源价值的绿色草原,是草原企业家在业务和战略方面提前设置的最恰当的资源储备。它既是稀缺资源的囤积,也是草原企业的品牌的无形价值。在资源与市场力量相互作用下,草原稀有资源成为草原企业有效战略的基石,具有竞争力的独特资源,创造草原企业的绿色竞争优势。外部市场对草原稀有资源价值的测试如表7-1所示。[①]

表7-1　　　　制定草原资源战略的测试

测试项目	内容	基于战略的资源竞争	单纯的资源竞争	草原资源测试结论
模仿性测试	资源是否能复制	不能	能	草原稀有资源获取竞争优势
替代性测试	资源是否能替代	不能	能	
持久性测试	资源贬值的速度	慢	快	
专有性测试	资源价值受益者	草原企业本身	变数	
优势性测试	竞争结果的优势	大	不持久	

通过比较发现,草原企业家必须致力于利用草原绿色资源,在市场中以草原资源稀有性来获取竞争优势。而草原企业制定的各项

[①] David J. Collis(戴维·科利斯)、Cynthia A. Montgomery(辛西娅·蒙哥马利):《基于资源的竞争》,http://hrmblog.blog.sohu.com.2008-08-01。

绿色资源战略要致力于参与新市场的竞争，帮助草原绿色资源的升级和提升相关竞争地位，从而减慢一般资源几乎不可避免的贬值速度。

四　草原企业家要具有动态资源管理的能力

美国著名环境经济学家戴利（Herman E. Daly）[①] 指出经济学家们常常认为，与经济资源比较，由于自然界的资源供给是不具有稀缺性的，所以其价格为零。确实，历史上稀少的人口拥有了无尽的自然资源，因而从经济学角度看是没有价值的。一般来说，近代工业的兴起与无限制地发展，使企业的需求总会超出资源的供给，有限的自然资源便成为稀缺资源，包括土地、空气、水及大自然中的一切。正如草原作为土地或自然资源的一部分，也相应地具有稀缺性的特点。

草原是一种重要的自然资源，同其他资源一样具有稀缺性。按照一般的经济活动分析，从供求方面看，草原面积有限，且优良草原更有限，在生产技术水平一定的条件下，草原自然生产力也是有限的；从需求方面看，在草原各业中，人类需求的无限性与资源的有限性的矛盾非常突出。

草原企业家利用草原生态经济系统所孕育的草原特色资源和独特资源，通过战略规划使草原稀缺资源与企业需求有机地结合起来，大力发展特色产业，从而实现草原企业的战略愿景。

一种资源要成为企业有效战略的基石并形成独特而持久的竞争力，就必须有强大而独特的战略领导力参与整合。使那些拥有独特资产或能力的公司，利用资源规划有效的战略，必须清醒地认识到自身资源的价值会随着时间的推移和竞争的持续而减少。并通过企业战略领导者进行不断的资源投资和资源升级，同时充分利用这些资源致力于新市场的竞争，创造竞争优势。

[①] 赫尔曼·E. 戴利：《超越经济——可持续发展的经济学》，储大建、胡圣等译，上海世纪出版集团2006年版。

例如现代畜牧业与餐饮业、乳业与羊绒业、草产业与沙产业、创意产业与旅游产业、能源低碳产业基地与风电等新能源基地以及立足于当地资源和产业特点相结合的装备制造业，构造草原生态经济系统，创造自然资源的稀缺价值，确定能体现出草原文化的资源优势战略。

钱学森认为，草业是"以草原为基础，利用日光能合成牧草，然后用牧草通过兽畜、通过生物、通过化工和机械等手段创造物质财富的产业"。[①] 目前，国外干草市场每年需1000多万吨，距离北方草原最近的东亚及东南亚，年需进口干草250万吨。苜蓿干草粉颗粒价格为200美元/吨，而中等经营水平的苜蓿干草产量大约在7500吨/公顷，据测算，每公顷的纯收入可达4500—5250元，远高于种粮的经济效益。[②] 随着草原稀缺资源战略的实施，草业正以其较高的经济效益，巨大的生态效益和社会效益，成为内蒙古草原上的朝阳产业。

在生态治理和对极端环境资源的保护利用上，王文彪的亿利集团把荒漠极端环境下生长的甘草、苦甘草、麻黄、锁阳、黄芪、菊芋等沙旱生稀缺药用资源，进行GAP标准化、规范化、产业化建设，利用内蒙古大草原的绿色概念，打造中国一流的中蒙药产业品牌，成为中国西部顶尖企业之一，也使草原企业实现了生态效益、社会效益和经济效益的同步增长。王文彪的亿利集团的战略愿景"演绎甘草硅谷，打造绿色舰母"已成为企业现实。

草原文化属于一种创意经济。例如，内蒙古饭店的总经理赛娜就认为草原企业的核心竞争力在于草原独特的资源。为增加饭店的商业附加值，内蒙古饭店在规划产业化主题酒店时，寻找的正是一种文化创新的道路。在整个草原文化主题酒店的建设上，内蒙古饭店分了三个层次。一是在空间的环境上，整个酒店更适合草原文化

[①] 钱学森：《草原、草业和新技术革命》，《内蒙古日报》1984年6月28日第4版。
[②] 盖志毅：《草原生态经济系统可持续发展研究》，中国林业出版社2007年版，第190页。

的具象表现；二是把客人使用的酒店产品糅入草原文化的因素，把酒店产品做成了文化产品；三是提升品牌的衍生价值，如围绕着现代市场特点和人们的消费习惯和需求，创造新蒙餐运动。在传统蒙餐的基础上，开发并还原了古代草原上的蒙古族最隆重的宫廷宴会"诈马宴"。赴宴诈马宴，是大蒙古国和元朝时期宫廷最高规格的宴飨，是融宴饮、歌舞、游戏和竞技于一体的娱乐形式。这样，在草原企业家的动态思维中，内蒙古饭店便形成一种差异，形成酒店与酒店之间的差异，形成了没有竞争的竞争优势。

草原文化功能也体现在对草原旅游业的开发。我国的北方草原得天独厚、人杰地灵，是一种有旅游潜力的稀缺资源。围绕草原文化，适度和动态发展生态旅游产业，带动草原相关产业的发展。例如，利用草原文化的重要载体那达慕大会，发展马业。马业的地位独特而重要，积极发挥蒙古马及内蒙古族马文化在特色草原旅游资源中的地位与作用。使蒙古马术进入现代赛马及马疗的市场，以社会和市场进行资金运作草原马业，形成以草原风光和草原民俗为基础、草原马业为支撑的草原旅游业，广泛吸引国内外游客。

有资料显示，2002 年，美国的马业产值就达 262 亿美元，超过服装业、电影业和家具制造业，并提供 140 万个就业岗位，超过铁路运输、广电、石油煤炭产品制造业。香港赛马每年上缴税金 110 亿港元，解决 3 万人就业，为慈善事业提供 20 亿港元资金。全世界约有 2000 个赛马场，分布在 88 个国家，其中澳大利亚 464 个，美国 152 个、英国 63 个、日本 38 个。[①]

草原处在我国最典型的生态脆弱带，草原旅游环境的承载能力较低，草原土壤（栗钙土）含沙量高，一旦地表遭到破坏，沙质土地荒漠化将迅速扩展。所以，发展草原生态系统的旅游业，要做到动态规划，动态管理，按可持续发展的原则，保证草原稀缺资源的

---

① 盖志毅：《草原生态经济系统可持续发展研究》，中国林业出版社 2007 年版，第 192 页。

动态优势。

五　草原企业家要采用动态分析的思维方法

管理学界对企业分析的常规方法是 SWOT 分析方法、波士顿四方格模型和波特的五种竞争力分析模型，这些分析竞争战略的方法都是静态的。例如，我们在对比草原企业竞争优势的案例时，就会认为沿海发达企业有稳定的市场、先进的技术和先进经验的竞争优势；同样，也会认为草原企业是新绿色、有新技术、有新鲜感的竞争优势。其实这都是建立在企业可以保持长期竞争优势的基础上，是一种静态的思维方法。

在静态竞争条件下，SWOT 分析方法、波士顿四方格模型和波特的五种竞争力分析模型等分析法只关注环境、资源、市场和行业结构对企业行为和效益的影响，所以，在实践中，许多企业家重点分析企业的环境和资源、预测市场和选择行业上，一旦决策成功，便开始知足于企业当前的效益，并且认为这种优势可以长期拥有。

在动态竞争条件下，草原企业家需集中精力进行战略思考，在寻找企业新的增长领域和评估业务组合以确定最优组合方面，发挥战略规划的作用，帮助企业找到增长机遇，对企业的业务组合进行评估，防止目前的国内企业把缺乏正式的战略规划流程的长期工作规划等同于战略规划。应该根据短期财务目标，设定战略目标、制定预算，并且对战略规划的影响因素进行分析和预测，采用动态分析的方法定期规划和选择企业竞争。

静态竞争条件下，发挥竞争优势的五个领域，如成本、质量、技术、进入障碍、规模等，在动态竞争条件下将失去原有的优势。因为竞争对手在多次失败后，必然会采取以下三种策略：一是模仿或者学习竞争对手，克服了自己的弱点；二是采取改变竞争规则或者创造新优势，使优势的竞争对手丧失优势地位；三是等待优势企业不思进取，仍然依赖固有优势，结果会在新的互动竞争中失去优势地位，如图 7-5 所示。

第七章 创新草原企业家战略领导力

```
┌─────────────────────────────────┐
│ 静态优势：成本、质量、技术、进入 │
│ 障碍、规模优势五个竞争领域       │
└─────────────────────────────────┘
     动态竞争  动态竞争  动态竞争
   ┌────┐ ┌────┐ ┌────┐ ┌────┐
   │模仿│ │替代│ │改变│ │超越│
   └────┘ └────┘ └────┘ └────┘
   ┌─────────────────────────────┐
   │ 企业渐进式动态增长战略优势  │
   └─────────────────────────────┘
```

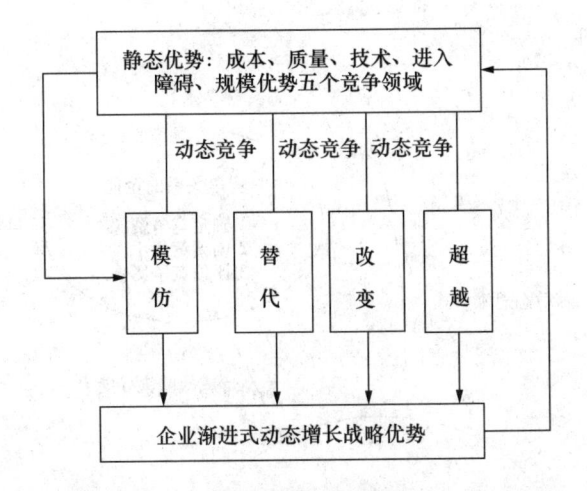

图 7-5　企业渐进式动态增长战略

在动态竞争条件下，草原企业家关注的是企业的能力、核心竞争力以及企业战略的作用。通过模仿、学习、超越取得暂时的竞争优势，然后重新进行战略思考，再次战略规划，推动采取企业渐进式动态增长战略。

企业渐进式动态增长战略中，企业家的战略领导行为往往可以改变客观环境、市场结构和行业竞争结构，如图 7-6 所示，在动态竞争条件企业家思维模式下，草原企业家在分析、评价和选择竞争战略时，不再立足于企业当前的竞争优势，而是关注企业竞争的互动。把情景描述分析法运用于竞争互动的分析，把博弈论方法运用于竞争企业的动态策略分析，把战争案例和沙盘演练运用于评价、分析和选择竞争战略。例如，小肥羊和小尾羊虽处于一个古老且发展空间有限的餐饮行业，但是，这两个企业的战略领导人都在企业的动态成长中，不断创造、创新，以一种战略行为创造出草原行业优势，是草原文化和知识技能的综合为基础的核心竞争力。所以，草原企业的企业家可以通过自己的战略思维和战略行为，改变整个行业竞争的关键性因素，提高或降低整个行业的动态竞争能力的水平，缩短或延长整个行业的产品周期。使草原企业成长为赢利空间很大的行业。

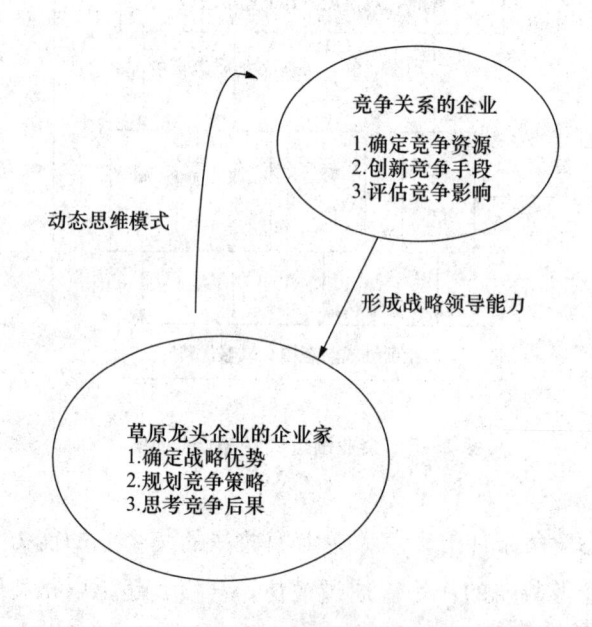

```
                    ┌─────────────────┐
                    │  竞争关系的企业  │
              ↑     │ 1.确定竞争资源  │
              │     │ 2.创新竞争手段  │
        动态思维模式 │ 3.评估竞争影响  │
              │     └─────────────────┘
              │              │
              │       形成战略领导能力
              │              ↓
          ┌─────────────────────┐
          │  草原龙头企业的企业家 │
          │ 1.确定战略优势      │
          │ 2.规划竞争策略      │
          │ 3.思考竞争后果      │
          └─────────────────────┘
```

图 7-6　在动态竞争条件下的草原企业家思维模式

综上，草原战略领导力的构成是个有机的整体，趋于动态的各要素相互影响、相互作用。要保持草原企业的动态竞争战略优势，企业家必须提升学习能力，从掌握战略理念与企业文化入手，对动态发展的企业优势进行战略思考，规划、整合和利用草原动态资源，发挥草原企业反应快速、行动迅疾的特征，增强持续创新能力，使草原企业在动态竞争中始终能保持和扩大自身的优势。

第二节　注重草原企业家战略领导力的区域拓展

世界著名民族地理学家维德德拉布莱克（Vidal de la Blache）在19世纪创立了地域地理学，用于描述具有不同地理状况的各种风俗。但到了 19 世纪末期，工业化和民族主义被认为抹杀掉了地域的差异。当今社会的特征是国际化，地域会再次成为建立商业企业的前提。①

肯特兰克特（Cantractor）和洛能吉（Lorange）在 1988 年就提出合作战略理论，阐述企业为何应首先强调合作，而不是竞争。之后，几乎所有学者专家的论著都赞成竞争与合作是同等重要的新观点。② 网络、联盟、连锁、工业区、区域合作等是企业和组织所面临的新调整，构成企业家面临新的战略环境，企业应形成这样一个共识：在各种联系松散的组织类型中，企业间将形成虽是暂时性的但很有决策性的合作项目。同时，这些企业继续与供应商、竞争者或客户保持着相互间的关系。企业成为因参与不同的合作项目而体现出不同熟练程度的集合，其合作的结果也因企业家的领导力不同而有时成功，有时失败。在有竞争力的合作关系中获取更强的竞争力，这样的结果也揭示出企业家战略领导力潜在的发展路径。

路易斯·达耐·克里思罕尼在《战略领导力：来自泰国的经验教训》中就认为战略领导力是一脉相承的文化构造出来的事物；强调了战略领导力思想在各个领域的渗透，而文化在战略领导力中发挥着重要作用。说明了一个成功的企业，无论是宏观层面、中间层面和微观层面，都是在战略领导力工具和理念的帮助下运行的。

一　引导草原企业家战略领导力跨区域渗透

（一）东方路桥理论

鄂尔多斯市东方路桥集团股份有限公司，在内蒙古民企 100 强中居第 77 位，2011 年营业收入 32 亿元。2001 年，企业总裁丁新民开始在企业雇用的农民工中推广股份制，让个别农民工拥有东方路

---

① 菲利普·多迪：《跨区域战略领导力》，周海琴译，经济管理出版社 2008 年版，第 3 页。

② Why Should Firms Cooperate? The Strategy and Economics Basis for Cooperative Ventures, in Contractor, F. J. & Lorange. P; Cooperative Strategies in International Business, Lexington Books, Lexington, MA.

桥的股份，同时丁新民提出了东方路桥理论，认为东方路桥集团股份有限公司作为劳动密集型企业，农民工就是东方路桥这座金字塔的基石，东方路桥集团股份有限公司只有把农民工这个根基夯实，东方路桥的金字塔才能长久稳固。2004年又在刘世奇民工联队试行股份制，使刘世奇民工联队的93名农民工全部获得公司股份。通过股份制，把民工联队变成公司的正规施工队伍，把双方的资产和利益组合在一起，实现了农民工和企业的"双赢"，让员工的梦想成为现实。丁新民认为公司的精神在于企业名称的内在含义，东方路桥要修两条路，一条是有形的即富国利民的物资之路；另一条是无形的，即体现东方美德、东方文化的精神之路。在丁新民的倡议下，集团成立东方路桥光彩事业基金会，把集团全体管理人员和员工个人收入的3%作为捐赠基金，企业成立14年来，共捐赠社会公益事业3亿元。而且丁新民身体力行，修路与扶贫帮困、捐资助学、资助科研同行，使企业家的品格铸成草原企业的基本品格。

（二）强化草原企业家的区域战略联盟

战略联盟是指一种开放的态度，愿意从更广阔的、长远的角度与任何人探求合作的可能性，反过来，任何合作都必须依赖于具体的合作条件，即合作各方在合作中的地位、权利、责任与收益等，合作的关键，仍然是合作的条件，不附加任何条件的合作是不存在的。因此，任何合作都是一个围绕一系列条件展开的博弈过程。[①]

合作是要通过博弈达成的。能否达成合作，关键在于双方在合作中的地位和收益，这显然是一个精密的利益计算和复杂的博弈过程。这里投资人、管理团队、员工，都是博弈的主体，他们的利益有些方面是一致的，有些方面则存在差异，主张自己的利益是形成资源有效配置的前提，最终形成了资源的有效配置，并进而导致了社会整体福利的最大化。

---

① 朱国成：《合作者马云拒绝"合作"》，http://hrmblog.blog.sohu.com，2008-04-29。

（三）彰显跨区域战略领导力的信义特征

诚信是企业战略联盟的规则。无诚信即无联盟，忽略大局往往会满盘皆输。将心比心，每个企业合作者都希望自己被当作荣辱与共的合作者而不是他人成功的垫脚石。对于战略合作者来说，如果计较一城一池、一事一时的得失，而失信于战略伙伴，就是忽略发展大局，甚至在一场意外的事件或在企业发展的关键时期，将导致企业满盘皆输。诚信是解决企业急功近利的一剂良药，是企业持续发展的转机。战略型领导者要具有战略联盟建设与资源整合能力，这样才能够在合适的时间、以合适的方式及合适的成本获得合适的资源。而且要通过合理的规划，对这些资源进行有效整合，降低资源成本，提升资源利用率。

当前，众多跨国企业收购中国企业，而且，收购的重点正在迅速向人才整合聚焦，其动机就是整合中国的人才与市场。草原民族是以恪守信义著称于世的民族，信义思想是草原民族伦理道德体系的基石，彰显了草原文化的优秀品格。草原企业的战略领导者在市场全球化的今天，必须学会与跨国公司竞争，以同样的动机取得跨区域的人才资源，以诚信为核心，达到与跨国公司动态竞争的战略目标。

二　重视草原企业家战略团队的区域扩张

一个企业家不可能同时具有企业生存与可持续发展所需要的全部素质与能力。所以，草原区域战略领导者必须依靠团队的力量，共同参与，应对草原企业可持续发展问题。

（一）挖掘草原企业战略团队的价值

多数企业领导人能清楚地知道团队的力量，也能按照企业团队所采用原则和模式来组合自己企业的精英团队。但这样的团队能否取得高绩效和突破性的成就，往往取决于这个团队是否具有广阔的战略视野。

2008年根据小肥羊发布的公告，公司盈利同比增长了41.2%，达到约1.3亿港元。百胜分两个步骤参股小肥羊。首先购买小肥羊两家战略投资人 3i 集团和普凯手中的全部股份。随后，小肥羊控股股东 Possible Way 及主要股东 Billion Year 向百胜转让 6.07% 的股份，其中 Possible Way 是由小肥羊创始人张钢等公司高管持股，而 Billion Year 则由小肥羊员工和独立第三方持有。

而对于百胜，此时入股小肥羊，意义重大。百胜餐饮集团中国事业部公共事务与政府关系副总裁王群表态说，百胜只是作为股东之一，分享信息，提供建议，未来百胜不会参与小肥羊的日常运营管理。百胜看好小肥羊的管理理念，特别是用人方面的一些前瞻性想法。

小肥羊团队的价值大于公司有形的价值，公司团队能够成为外国公司的并购对象，侧面说明了草原企业在成长过程中，个体领导力开始向战略团队转移，由不同工作经历和文化背景的人组成的战略团队，对解决当前草原企业存在的复杂的问题至关重要。建立草原战略团队是草原企业组织演进的一种战略途径。所以，在草原企业中自发地建立多学科背景的草原战略团队，应成为草原企业家的一种自然的战略的工作方法。

（二）提高草原企业战略团队的素质

企业家战略领导能力的高低决定着企业的成败，但在草原企业内外环境发生变化的今天，企业家的战略能力须演变为区域战略领导能力，个体战略领导力须向战略团队领导力转变，企业的有形价值在于这个战略团队的技术和素质。

战略团队要求企业家战略领导力渗透到团队组织的每个层面。在战略团队中全面渗透企业家的战略领导力必须依靠企业文化。通过规范的企业文化，企业的战略团队能够持续提升战略型领导力。

（1）战略团队具有充满草原文化核心价值观的精神体系。战略团队的工作准则应是平等、尊重、关心、高效、卓越。战略团队面对不同企业问题，塑造和强调不同企业的核心价值观，利用价值观的不同组合方式激发战略团队进取激情，提升团队能力。

（2）战略团队及时选择卓有成效的组织流程。战略团队首要任务是，确定建立相关流程或者制定工作制度的原则。思考能够做好的关键任务和完成这些关键任务的基本程序，以及面对任务失败的应对方式。按照在正确时间、正确地点、以正确的方式做正确的事的团队原则，战略团队的组织效能在学习、思考及探索的过程中得到快速提升。

（3）战略团队要有创意、创新、创造的文化氛围。在草原文化的价值体系及组织流程支持中，战略团队要借鉴很多卓越组织的实现手段，来营造有创意、创新、创造的草原文化氛围。企业之间的竞争，关键是战略能力竞争。草原文化以往的积累形成现在的战略能力，而这种能力又可以对解决未来问题的战略能力进行改造和更新，它包括技术、机制、资源等很多方面，但起决定作用的还是企业决策者的洞察力和贯彻力。通俗地讲，就是眼光和行动。眼光包括理念、视野和判断，即对未来的发展能看多远、多宽、多深。行动是对目标的规划和追求、百折不挠的韧性和持之以恒的努力。[①] 这种战略领导人驱动的战略设想，必须不断地创新，营造有创意、创新、创造的能力企业文化氛围，才能避免其他企业家的抄袭。

（三）传承草原企业家跨区域战略领导力

面对全球经济一体化和全球市场共享化，实体经济和虚拟经济，无线网络与有线网络，企业硬实力与软实力、有形资产与无形资产，国际市场与国内市场、区域市场与本土市场等经济元素纵横交错，预示着全球化市场的真正来临。领导人有限的领导能力与商业世界的变幻莫测之间存在着矛盾，解决的办法就是选择一个接班人来超越自己的能力。这就是战略领导的魅力所在。

拥有大量发展资源的企业家接班人，如何适应这样的挑战，如何承接这种影响，是一个重要的考量。企业的战略构建和运营体系也需要顺应这个背景的深刻变化。战略领导力传承的内在要求，说明在草原企业中形成职业经理人的机制的条件尚未成熟，对职业经

[①] 张国有：《企业的战略能力》，《IT经理世界》2002年第14期。

理人的资源条件的内在要求缺乏规范。所以在没有职业经理人社会建构的条件下，分离草原企业的所有权与经营权只能在一定的包容文化中传承与实现。没有文化的纽带贯穿其中，所谓的职业经理人体系，与草原企业的管理方式和纽带关系相比，显得非常脆弱。

既有中国传统文化的传承，又适应草原企业社会需求的草原文化价值体系，在草原企业形成现代企业制度中，对规范管理和团队整合起到重要作用。企业是企业家性格的外化，有什么样性格的企业家就会培育出什么样的企业，就会塑造出什么样的企业精神。草原企业受创始企业家性格影响较大，其内在基因个个都显示着草原企业家个体的精神价值。

去除草原文化的影响，企业会成无源之水、无本之木；一旦延续原有的基因，又会变成一代不如一代的文化退化。特别是战略接班人通常要面对众多发展机遇，也要经历各种诱惑，继任的企业家对企业战略发展的顶层设计异常重要，同时，区域战略领导力则要体现区域大众所赋予的权力，所以更多地要担负一种社会责任。既然领导行使权力中有着社会责任的因素，以社会责任考量，所以战略领导者就不能简单地根据个人心态在领导岗位上行事，其领导能力必须达到社会责任的高度。

第三节　注重草原企业家战略领导力与草原商业文明的结合

为了争取生存空间、草场资源以及通商和交流的需要，来自蒙古高原的草原游牧文明进行了第一次能量大释放，不断冲击着积累了深厚农耕文明的古代欧亚大陆各国。特别是其中的蒙古人第一次打开了东西方通道，激活了长期封闭、缺乏活力的古代农耕文明，并使之发展前进。

草原游牧文明在欧洲，经历了把马换成了船的演化，过渡到同样具有移动性和冒险性的商业文明，进而发展成商业、工业和近代城市文明。

为了市场和资源的需要，具有商业文明的资本主义对世界范围的各封闭文明进行了第二次大冲击。这次冲击激活摧毁了世界范围各民族的文化，也包括冲击者自己的母体文化，使世界朝经济一体化、政治一体化、发展单纯化方向迈进。1917年，英国古典经济学家大卫·李嘉图（David Ricardo）出版了《政治经济学和赋税原理》一书，书中提出比较优势理论。[①] 后来，美国的刘易斯·威尔斯（Louis Wells）和雷蒙德·维农（Raymond Vemon）将产品生产周期理论引进国际贸易理论，涉及国际贸易、投资、技术转让等，成为现代西方经济学的主流理论和世界经济全球化的理论支持。

大卫·李嘉图的比较优势说认为，通过国际经济贸易，资本与劳动可以发挥各自的比较优势。但是，比较优势只说明了国际经济贸易各方的静态利益，而忽视动态利益即社会效益，特别是生态环境效益。同样，产品生产周期理论解释了发达国家的跨国公司向发展中国家直接投资的动机，即通过国际经济贸易取得了所谓的比较利益。但是，在这一投资过程中，发达国家向发展中国家投资转移的是高耗能、高耗物、高污染的产业，进口的却是清洁产品。所获得的狭义比较利益，在实质上等于甚至大于被转移方付出的生态环境成本。

具有商业文明的资本主义脱离了自然和社会大众，走向了歧途，其结果是牺牲了区域性的社会生态环境，最终破坏了人类整体上的可持续发展。

而同样具有商业文明内涵的草原游牧文化却犹如移动的蒙古包，把朋友和亲人紧紧包容在大自然当中，它好像白莲花的花蕾，孕育着忠于大自然的人们，成为当代的诺亚方舟。[②]

---

① 王俊宜、李权：《国际贸易》，中国发展出版社2003年版，第6页。
② 蒙古青年论坛，http://mglbbs.net/bbs. 2010.11.12。

所以，构建草原商业文明是企业家对组织变革、商业模式的创造（包括对外部环境的选择模式），是企业生态系统和企业战略型社会责任的统一，是经济、道德、生态的平衡，是对草原企业家不断突破自身的能力极限所提出的战略要求。

一 草原商业文明的企业家路径

"从历史的角度看全球资源消耗和污染物的排放，不论在总量还是人均的指标上，发达国家都远远超过发展中国家，发达国家人口只占世界人口总数的20%左右，长期以来消耗着世界70%以上的资源和能源"。[1]

面对发达国家这种思维方式与价值选择的样态，只有寻求新的商业文明之路，才是草原企业的生存发展之路。联合国教科文组织前秘书长 Kidd Turner Maurice 曾讲过："真正的发展是建立在固有文化传统的基础之上，发展不仅要考虑经济效益、社会效益和生态效益，还要考虑文化效益、感情和其他，保护和评价自然环境要考虑生态系统各成员的协调。"[2]

一般说来，从对待自然的态度和方式上，就能了解一个民族的强盛与发展的程度。研究创造出英雄的史诗、丰富的生产生活经验、与大自然和谐理念的草原文化，就会发现，其中包含着把自然生态环境当作自己本源的合理内核。

立足于草原文化地区的大型企业，要围绕草原地区可持续发展的生产生活要求，自觉举起生态大旗，唤醒积淀于民族文化心理的生态因子，避免经济利益至上，逐渐认同草原地区新生态价值观，完成传统生态思想与当代精神的创造性结合，坚持走资源节约再生的循环经济之路；坚持走"草畜工贸四结合"的龙形生态经济之路；坚持走新型的工业化的集约经营之路；走技术创新、成果集群、系统耦合、利用综合、文化衔接和效益叠加的知识经济之路

---

[1] 郑必坚主编：《当代世界经济》，中共中央党校出版社2006年版，第287页。
[2] 刘书润：《对"关于改善阿拉善生态环境有关问题的建议"（阿黄〔2006〕19号）的看法》，http://cyl.getbbs.net/index.aspx。

(钱学森沙产业理论)。开辟有利于草原经济文化繁荣和草原生态美丽的商业文明之路。

1. 草原思想资源转化为企业显性资源

草原生态思想资源的创造性转化，就是把草原民族所拥有的保护自然的优良传统和意识（包括宗教的）与战略管理思想及现代生产方式相结合，形成企业自发性的、生态性的战略思维。从根本上说，这种思维是一种系统性思维。

它以生态平衡为基本出发点，善于寻找传统与现代、经验与科技、自然与企业之间的结合点，在生态中谋求发展。例如，钱学森运用系统工程的观点和方法提出了创建包括农业、林业、草业、海业和沙业在内的知识密集型农业型的产业理论。按照这一理论，内蒙古的东达蒙古王集团投资21亿元建设年产50万吨沙柳纸浆项目，充分利用沙柳具有固沙和优质纸浆原料的功能，并结合当地居民的种植沙柳致富等有利条件，发展知识密集型的现代化林沙产业，统筹沙区生态改善与经济发展，实现了草原沙化地区的林沙产业的平衡发展。

把草原生态思想资源的创造性转化为企业家的战略思维，是一个学习的过程，是一个把草原隐性知识资源转化成企业显性知识资源的过程[1]，也是企业界迈入草原商业文明的过程，见图7-7。按照经济合作与发展组织（OECD）的观点，随着计算机和通信技术的快速发展，获取显性知识（信息）更加容易，草原企业家通过草原共生系统，把厂家、供应商、客户以及相关产业联系在一起，使草原隐性资源在以上不同的主体之间，传递、交流与共享隐性资源，厂家、供应商、客户以及相关产业在选择和利用有效的技艺与能力（隐性知识）之后，就会把它转化成显性知识资源，并培育出新的隐性知识资源，完成推动草原商业文明的过程。

---

[1] 根据知识的可传递性即传递的难度、可用来传递的方式等，可以把知识划分为显性知识和隐性知识。

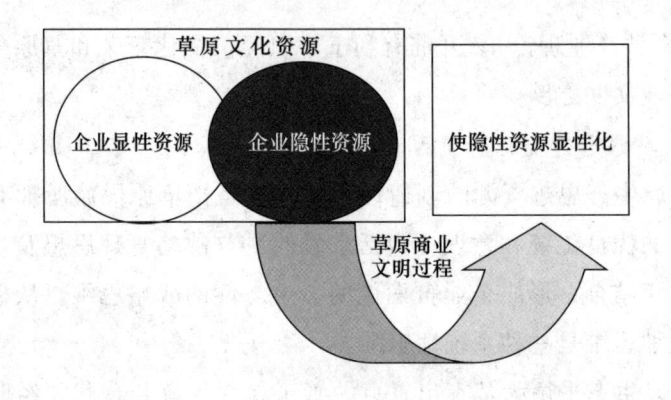

图 7-7　草原商业文明过程

2. 草原经济生态环境系统

首先,草原企业家的战略定位是绿色的企业家,在绿色的企业家的战略规划中,恢复草原生态和治理沙漠,不是以绿色的出现而结束,而要通过恢复绿色来发展绿色产业,从绿色产业中获得恢复绿色生态的效益保障,即绿起来与富起来的结合,将绿化转化为产业化。

其次,企业应该对整个社会环境,而不仅仅针对市场做出反应。从草原经济生态环境系统的发展战略来看,草原的可持续发展原则与草原企业的经营性目的是相一致的。社会赋予企业各种不同的权利,反过来便有理由希望企业按照某种方式运作。所以,企业家必须用草原文化中具有长远发展的战略眼光来克服急功近利的企业短期目标,承认企业是在赖以为生的社会环境中发展,是整个社会自然环境中的一部分。

3. 草原商业生态战略系统

在企业生态系统战略理论的框架下,穆尔[1]提出的商业生态系统(Business Ecosystem)的成员在很大程度上是可选择的,与传统的行业界限没有直接关系。主要包括行业内外的生产者、供应商、

---

[1] James F. Moore, A New Ecology of Competition, 1993.

竞争者和其他利益相关者，整个生态系统范围内的企业处于合作与竞争及共同进化（coevolution）的过程。

在分析草原地区中大型的、知名的行业龙头企业时，我们发现这些草原大企业，无论是在企业规模和行业地位，还是在社会影响力上，都已是超越企业自身，成为企业生态系统的一部分。从这些草原企业的形成与发展过程中，我们可以知道，他们是凭借其传统文化优势和品牌优势得以生存和发展的，战略制定的重点单位不再是企业或产业，而是企业合作演化的生态系统。企业经济效益不仅是企业内部管理好坏和行业平均利润的函数，而且主要是企业在生态系统中联盟和网络关系管理好坏的函数。他们注意到传统的发展方式已经是穷途末路，必须寻求一种全新的发展方式来代替它。而具有强大生命力和竞争力的商业生态系统成为解决生态与环境问题的一个重要途径。同一商业生态系统（Business Ecosystem）如同某一食物链或营养链的生物群落一样，在这个商业生态系统中的每个企业都有属于自己的生态位（Niche）。这些企业相互竞争又相互合作，在成长的过程中学习进化。这些企业与环境的边界是动态的，企业战略与环境是互动的。

二 构建与践行草原商业文明

世界商业浪潮之中，从游牧文明转化成商业文明的古希腊文明（也称海洋商业文明）势不可当，其人口流动之大与游牧文明更为相似。但是，严格定居的农业文明对西方商业文明的学习却很慢、很消极、经济很落后。

而在中国，从清朝中后期到1949年，草原生态遭到严重破坏，农业成为这些草原地区的重要产业。过量开垦造成土地沙化严重，气候干旱少雨，自然生态失衡，从草原生态系统演变的视角考察，会发现草原文化与农耕文化融合的过程，就是草原生态总体趋向恶化的过程。

中华人民共和国成立后，草原文化与工业文明的融合，使草原地区走上工业化的发展之路。但是，草原生态却再次遭到破坏。以内蒙古草原退化数据为例，20世纪70年代的退化率为15%，到80年代增至39%，到90年代最高达到73.5%。从生态角度看，游牧的生产方式确实应该比农耕、工业等生产方式更有利于草原生态保护。但是，传统的游牧式生产、生活对于草原民族而言，确实异常艰辛。而追求更稳定、更舒适、更具物质丰富的生活是现代文明所倡导的。

所以从草原经济生产的规律和需求的层面来看，追求草原企业家道德、企业操守和草原商业文明三位一体，寻找草原文化和商业文化的有机结合，是发展草原经济与美丽草原并行的最有效、最便捷的手段和途径。如图7－8所示。

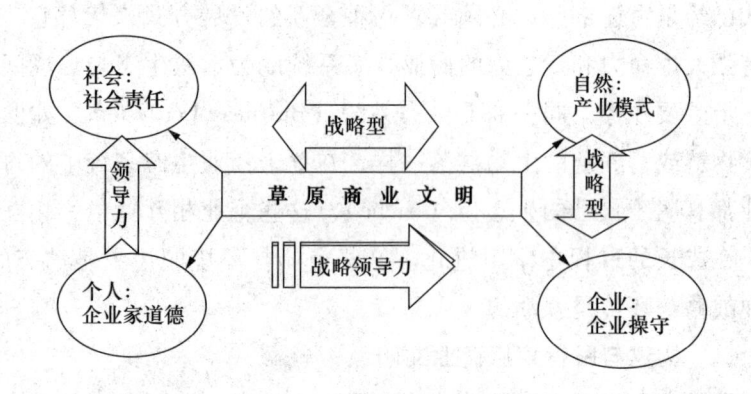

图7－8　草原商业文明构建

（一）草原企业家道德观

戴利指出"从宗教或精神内涵到同该内涵相一致的具体经济政策是一次大的跳跃。因此，我们需要一个中间步骤：制定伦理原则——世界上正确行为的总原则。然后，我们就可以问在我们的特定历史环境中，什么样的具体经济政策最适合这些伦理原则，这样就间接地符合了派生出这些伦理原则的宗教内涵。"[1]

---

[1] 赫曼·戴利：《可持续发展：意义、原则和政策》，《国外社会科学》2002年第6期。

中国十大创业领袖、获 2006 年 CCTV 中国经济年度人物公益提名奖的东达蒙古王董事长赵永亮认为，企业家讲和谐，建设和谐社会，你就得为老百姓拿钱，否则你就是狗皮膏药。他倡导成立了东达蒙古王救助农村牧区先天性心脏病促进会，集团每年投入 60 万元专项资金，救助看不起病的农牧民儿童，并在自治区民政厅批准注册，有专人负责的、已有 15 个草原企业家参与、实行滚动发展的慈善管理机构，开创了内蒙古爱心医疗救助的先河。

伊泰集团的董事长张双旺说：我对鄂尔多斯这座城市的贡献、对鄂尔多斯父老乡亲的贡献，犹如一滴水汇入滔滔黄河，可谓微不足道。但是它对于我来说，几乎是塑造了我的整个生命。也就是说，离开了这片养育我的土地，我便什么都没有了。

拥有成员企业近百家、员工 2 万多人、总资产逾 200 亿元、年销售收入 167 亿元的鄂尔多斯企业集团，在董事长王林祥的领导下，为恩格贝治沙绿化工程、内蒙古大学种山羊研究、鄂尔多斯市退牧还草圈养工程、产绒区造福农牧民初加工项目、农牧民科学养殖绒山羊项目等社会公益事业捐赠 2 亿多元。

为传播鄂尔多斯集团的经营理念，密切产绒区和企业间的鱼水之情。从 2001 年起，鄂尔多斯集团在国内各产绒区和集散地援建鄂尔多斯集团希望学校。截至 2008 年年底，已建成希望学校 41 所，并产生了良好的社会效应。例如，新疆米泉区建成柏杨河希望小学后，当地的赛羊大会命名为"鄂尔多斯赛羊会"。2010 年，鄂尔多斯集团被民政部评为中华慈善奖"最具爱心内资企业"。

在捐资援建希望学校的过程中，王林祥在东胜区一中设立了"王林祥奖学基金"，专门用于奖励品学兼优的优秀学生，2006 年，他获公益中国颁发的"企业公民奖"。集团高管张全祥以稿费援建了乌梁素太希望小学。如果从战略性角度来思考企业家的个人道德活动，把承担社会责任的领导能力看作是创造共享价值的要求，而非单纯的慈善活动，对于企业的成功将起到越来越重要的作用。

（二）草原企业操守观

企业操守是企业的核心价值观，研究草原企业操守就是要确定企业和社会道德、制度、法律、习惯之间的关系，就是社会道德对企业的最低约束。

1. 企业操守与企业核心价值观

企业操守就是企业核心价值观，是不能用来交易的。比如有企业一方面向政府要条件"寻租"，另一方面拿钱捐款做慈善买操守；有的企业往往认为干了坏事，能花钱再买回一个操守，这就是个逻辑悖论。企业家能否守住企业操守涉及企业的生死存亡。

2. 企业操守与企业效率

企业最终目的是通过生产社会产品来提高人类的实际生活水平，核心要求为帕累托最优即企业赢利不以损害他人和破坏环境为代价。也就是说，在很多时候企业操守要求企业适度地放慢发展的节奏，克制发展的欲望，使企业效率不能完全最大化。

德鲁克认为以最高效率去做最没用的事的人是最没有效率的。如今，与企业行为联系密切的能源、环境以及经济等问题，迫切要求企业家必须能分清企业"重要的事"与"紧迫的事"、企业的"战略"与"战术"和企业"做正确的事"与"正确地做事"，能把紧迫的、战略的、正确的事放在第一位就是最重要的事。企业家要用全新的思维方式研究企业的操守，最关键的是做与不做的问题和怎么做的问题。中国乳业危机和美国次贷危机的前后产生，给世界经济与中国企业的健康发展带来挥之不去的阴影。失去操守的企业信任一落千丈，并导致世界经济持续下行，企业操守已成为企业领导者不得不重视的重大问题。

大体分析我国的企业现象认为，越往北的企业越重视操守，效益其次；越往南的企业，越重视企业效益，操守其次。

3. 企业操守与企业社会责任

企业操守要求企业不仅仅是要避免做危害社会的事，也不只要求向慈善机构捐款、为救灾工作出力，或者救济社会穷困人口，其最重要的任务是在运营活动和竞争环境之间找到共享价值，促进经济和社会发展。

1924年，美国学者欧利文·谢尔顿（Oliver Sheldon）在其《管理的哲学》（The Philosophy of Management）中，把企业满足产业内外的社会各种需要，归纳为企业的责任，其中也包含了道德因素。首次提出企业社会责任（Corporate Social Responsibility，CSR）概念，在企业管理学中开创了一个新的研究领域。

1953年，霍华·R. 伯文（Howard R. Bowen）在其《商人的社会责任》中，把企业社会责任定义为商人依照社会发展目标和价值观，作出符合相关政策的企业规划和决策，并在一定社会范围内所承担的道义任务。因此，伯文被称为"企业社会责任之父"。

1979年，著名学者Carroll（卡罗尔）对企业社会责任的定义得到了广泛认可，即在特定时间内，社会期望企业组织在经济、法律、伦理、慈善方面的表现总和。社会对一个企业行为的评价主要是体现在企业商业活动所造成的环境、社会、民生等方面的影响，所以，这一定义与企业社会形象的要求是一致的。一般来说，如果企业以自我为中心，不可能得到社会的高度评价；只有受约束的、具有社会责任的企业，才能获得良好的社会形象。不过，许多企业家所主导的慈善活动的动机只是一种企业广告或公关的形式，即使赞助的是受瞩目的慈善事业，其目的仍然是彰显企业的形象。

（三）草原企业战略型社会责任

草原民族文化的基本模式是责任感文化。而这种传统文化的原动力是草原民族认为自己肩上所应当承担的各种责任。这种责任感文化，是基于取之自然最终回报自然的草原文化伦理，所以，草原企业参与社会责任是一种内在的驱动力。草原企业必须对经济责任、社会责任、环境责任"三重底线"进行统筹兼顾，以核心价值观和社会责任感提升企业核心竞争力，成为互利共赢、合作竞争、和谐发展的有道德、有操守、有责任的企业。必须从企业战略的角度来思索企业社会责任，可以利用慈善活动来改善自己的竞争环境，即提高企业经营所在地的商业环境的质量；利用慈善活动思考企业的战略愿景，使社会目标和经济目标统一起来；企业在改善竞争环境时，"能够做的不只是捐几个钱而已，它们还能充分发挥自身能力和关系来支持慈善事业。由此产生的社会效益远远超出了个人捐赠者、基金会甚至政府所能提供的"。[1]

管理大师彼得·圣吉（Dr. Peter M. Senge）提出企业责任分为不合规阶段、合规阶段、超越合规阶段、可持续发展与战略融合阶段、使命愿景阶段五个发展阶段。[2] 公益事业和慈善捐助只是公司社会责任的超越合规阶段，但不是公司社会责任的主要内容，公司社会责任首要是为公司利益相关者负责，包括公司员工、供应商、客户、社区等。环境责任则包括提高资源的利用率、减少排放、推进循环经济三个层面。

企业的社会责任活动存在系统性和战略性框架，企业只有战略性地承担社会责任，才能对社会施以最大的积极影响，同时收获最丰厚的商业利益。例如伊利集团推出了国内第一款专门针对亚洲人乳糖不耐受体质的牛奶——伊利营养舒化奶和伊利金典有机奶，让国人享受到了欧洲标准的"纯天然品质"和竞争环境的投资（如蒙牛与奶农的合作）。另外，企业还应在自己的核心价值主张中考虑社会利益（如伊利集团的产品运送过程中，物流配送全程实现了GPS的无缝跟踪，从根本上保证了伊利产品的安全。与此同时，积极推行绿色环保物流的各项措施，如采用排污量小的货车、近距离配送、夜间运货，以减少交通阻塞、节省燃料和降低排放等），使社会影响成为企业战略的一个组成部分。

草原现代企业的战略型社会责任框架是以企业使命和战略目标为约束，推进企业发展，即按照发展方向和阶段性目标来控制企业

---

[1] Michael E. Porter（迈克尔·波特）、Mark R. Kramer（马克·克雷默）:《企业慈善事业的竞争优势》,《哈佛商业评论》2003年第2期。
[2] Peter Senge（彼得·圣吉）:《必要的革命（The Necessary Revolution）》, 中信出版社2008年版。

当前行为。伊利致力于改善人类营养结构，增进人类身心健康，提高人类生活质量，塑造现代生活方式。伊利存在的价值和追求就是人类的身体健康和生活幸福。伊利集团提出的战略愿景是社会价值高于商业利润，安全与健康大于物质财富。所以，企业战略型社会责任的设计是一个以企业使命为起点和终点的循环链，见图7－9。

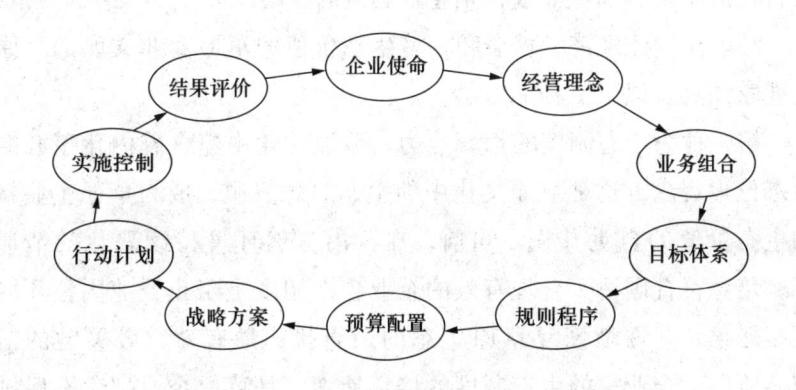

图7－9 草原企业战略设计循环链

企业战略型社会责任规划成为整合企业力量的基本手段，以企业使命（愿景）为核心内容，通过经营理念的变化、业务组合的优化、目标体系的建立、规则程序的设定、预算配置的到位、战略方案的确定、行动计划的执行、实施控制的强化、结果评价的分析，完成企业使命（愿景）的循环。草原企业家根据不同时期环境变化和战略目标调整，以明确的战略流程来培育企业资源和企业能力，保证企业战略顺利实施和协调发展。

作为乳品行业的龙头企业，伊利集团一直坚持可持续发展并建立明确的流程，确保社会问题以及新兴社会力量在最高级别得到充分探讨，并纳入公司战略规划中，从公司总体发展战略出发，将企业的社会责任贯穿到公司整体经营活动中，伊利集团主动承担对企业自身、对行业的影响以及对整个社会的贡献等环境、社会和利益相关者的责任，累计投入3个亿来扶持社会贫困群体，防治"非典"，全力支持奥运等各项公益事业。同时，伊利集团把降低风险、降低成本、绿色技术创新与企业的环保形象联系起来，自行解决伊利集团金川工业园区的水污染状况，对集团所属锅炉进行技术更新、改造，使工业蒸汽锅炉热效率从74%提高到79%，也取得了明显的经济效益和环境效益。从中不难看出，伊利的核心价值观是社会价值的驱动，而绝非仅仅是企业利益的驱动。

综上，构建经济、社会和环境生态价值的草原商业文明的草原企业家须具备以下三种能力：

第一种为生态制度的培育能力。草原文化中蕴含着内化于心的生态伦理观念。这种草原文化中的生态思想资源，成为草原企业新的生态价值的自觉共识。当前，在国内自然环境持续恶化的情形下，培育符合国情、合理有效的企业生态制度是阻止企业内外环境继续恶化，并逐渐恢复草原生态的最直接、最有效、最关键的措施。所以，企业家的生态制度的培育能力，是草原企业把生态保护意识内化于企业文化的重要途径。

第二种为绿色技术的创造能力。熊彼特指出企业家是技术创新的主体。当保罗·埃利希和巴里·康芒纳提出人类实现可持续发展，必须降低环境负担或者使环境负担稳定在可承受水平，根据其三个主要变量函数对应的解决方法，即减少人口数量，或降低富裕水平，或彻底地变革当前创造财富的技术方式。事实也说明，可持续创造财富的绿色技术方式将导致人类经济史上最大的商机，分为污染防治、产品责任、清洁生产和清洁技术三个技术阶段，而技术的变革的重任必将落在草原企业身上。

第三种为软性战略的竞争能力。与企业之间的硬件竞争相比，全球化与信息化给企业带来了竞争环境与竞争规则的改变，企业形象、企业操守及企业社会责任成为企业长青的软性竞争力。

企业的软性竞争力，首先是一种强化社会责任的能力。从战略上强化社会责任，使草原企业在人力资源、财务状况、融资渠道等方面，更能获得社会投资者以及金融投资者的青睐，转而获得社上较低成本和较为稳定的专业支持。

其次是一种塑造企业诚信的能力。提升和利用企业的诚信竞争力，巩固草原企业在动态市场的品牌和声誉，提升现有客户的忠诚度。塑造企业诚信要结合企业社会责任与企业战略，促进企业快速发展时，一定要考虑到增强社会的信任感。这样，企业的声誉和品牌即使因突发事件而被损害，也能得到迅速的修复和恢复。

最后是一种解决社会问题的能力。因为存在于企业外部运营环境中的问题，会对企业竞争驱动力造成巨大影响，所以企业解决社会问题的能力至关重要。但是，这些企业主导型的某个社会问题，具体归于何种社会类别，往往会因企业业务单元、所处行业和经营地点的不同而有差异。所以，没有一个企业会有足够的能力和资源来解决所有的社会问题，它们必须选取和自己的业务有交叉的社会问题来解决。①

---

① 颜吾芟：《中国文化概论》，北方交通大学出版社2002年版，第113—116页。

参考文献

英文参考文献

[1] Prahalad C. K. , Gary Hamel, The Core Competence of Corporation, Harvard Business Review, 1990, 3-6.

[2] Nonaka I. , A Dynamic Theory of Knowledge Creation, Organization Science, 1994, 5.

[3] Szulanski G. , Exploring Internal Stickiness: Impediments to the Transfer of Best Practice within the Firm, Strategic Management Journal, 1996, 17.

[4] Liver E. Williamson, Strategy Research Governance and Competence Perspectives, Strategic Management Journal, 1999.

[5] Crossan M. M. Iris Berdrow, Organizational Learning and Strategic Renewal, Strategic Management Journal, 2003, 24 (11).

[6] Feldman M. S. , Organizational Routines as a Source of Continuous Change, Organization Science, 2000, 11.

[7] Hitt M. A. , Hoskisson, R. E. , Johnson, R. A. , & Moesel, D. D. , The Market for Corporate Control and Firm Innovation, Academy of Management Journal, 1996, 39.

[8] Barney J. B. , Firm Resources and Sustained Competitive Advantage, Journal of Management, 1991, 17 (1).

[9] Sanchez, R. , Preparing for an Uncertain Future: Managing Organizations for Strategic Flexibility, International Studies of Management & Organization, 1997, 27 (2).

[10] Hoffman R. C., Hegarty, W. H., Top Management Influences on Innovation: Effects of Executive Characteristics and Social Culture, Journal of Management, 1993, 19 (3).

[11] Marco Polo, The Travels of Marco Polo, Vol. 1, Editedy by Henri Cordier, New York: Dover Publications, 1993.

[12] Thomas Barfield, The Perilous Frontier: Nomadic Empire and China, 221 BC to AD 1757, Studies in Social Discontimuity, Oxford: Blackwell, 1989.

[13] A. P. Martinez, "Some Notes on the II Xanid Army", Archivum Eurasiae Murasiae Murasiae Medil Aevi, 6 (1986 – 1988), pp. 129 – 242.

[14] Geert Hofstede Culture's Consequences: International Differences in Work – Related Value (Beverly Hills), CA: Sage, 1980.

[15] Raymond Williams (1976) Keywords: A Vocabulary of Culture and Society. Rev. Ed. (New York: Oxford UP, 1983), pp. 87 – 93 and 236 – 8.

[16] Bernard Montgomery, A History of Warfare, The World Publishing Company, 1968.

[17] Francis Dvomik, Origin of Intelligence Services, New Brunswick: Rutgers University Press, 1974.

[18] Thomas Barfield, The Perilous Frontier: Nomadic Empire and China, 221 BC to AD 1757, Studies in Social Discontimuity, Oxford: Blackwell, 1989.

[19] Teece, D. J., G. Pisano, A. Shuen, Dynamic Capabilities and Strategic Management, Strategic Management Journal, 1997, 18.

[20] Hofstede. Culture's Consequences: International Differences in Work – related Values, Beverly Hills, CA: Sage Publications, 1980.

[21] Tor Additional Insights see Gerry Darlington "Culture—A Theoreti-

cal Review" in Pat Joynt and Malcom Warner (London: International Thomson Business Press, 1996), pp. 33 – 55.

[22] Nathan Glazer Daniel P. Moynihan: Ethnicity Theory and Experience, Harvard University Press, 1975.

[23] Barth, Fredrik Ethnic Groups and Boundaries: The Social Organization of Culture Differenec, Boston, MA, Little Brown, 1969.

[24] Mintzberg, Mintzberg on Management Inside Our Strange World of Organizations, China Machine Press, 2007.

[25] H. Skolimowski, Living Philosophy, London Arkana, 1992, p. 46.

[26] From Balaji S. Chakravarthy and Howard V. Perlmutter, "Strategic Planning for a Global Business", Columbia Journal of World Bummer 1985, pp. 5 – 6. Copyright 1985 Elsevier. Reprinted with Permission.

中文参考文献

[1] 张岱年、方克立：《中国文化概论》，北京师范大学出版社2004年版。

[2] 牛森：《中国草原文化研究资料选编》（第一辑），内蒙古教育出版社2005年版。

[3] 国家统计局、科学技术部：《2005中国科技统计年鉴》，中国统计出版社2005年版。

[4] 董恒宇、马永真：《论草原文化》（第一辑），内蒙古教育出版社2005年版。

[5] 刘钟龄、额尔敦布和：《游牧文明与生态文明》，内蒙古大学出版社2001年版。

[6] 乌云巴图、葛根高娃：《蒙古族传统文化》，远方出版社2001年版。

[7] 张碧波、董国尧：《中国古代北方民族文化史》，黑龙江人民出版社2001年版。

[8] 赵芳志主编：《草原文化——游牧民族的广阔舞台》，上海远东

出版社、商务印书馆（香港）有限公司 1998 年版。

[9] 葛根高娃、乌云巴图：《蒙古民族的生态文化》，内蒙古教育出版社 2004 年版。

[10] 嘎尔迪：《蒙古文化专题研究》，民族出版社 2004 年版。

[11] 刘守英：《领导：70 位领导学家谈如何成为世界级领导者》，中国发展出版社 2002 年版。

[12] 吴晓波：《大败局》，浙江人民出版社 2001 年版。

[13] 王永贵：《21 世纪企业制胜方略：构筑动态竞争优势》，机械工业出版社 2002 年版。

[14] 刘守英：《战略：45 位战略家谈如何建立核心竞争力》，中国发展出版社 2002 年版。

[15] 蓝海林：《迈向世界级企业》，企业管理出版社 2001 年版。

[16] 饶美蛟、刘忠明：《管理学新论》，商务印书馆（香港）1996 年版。

[17] 鲁开垠、汪大海等：《核心竞争力》，经济日报出版社 2001 年版。

[18] 张阳、周海炜：《管理文化视角的企业战略》，复旦大学出版社 2001 年版。

[19] 周海炜、张阳、唐震：《谋略与战略：管理文化的观点》，科学出版社 2007 年版。

[20] [美] 弗莱蒙特·E. 卡斯特、詹姆斯·E. 罗森茨韦克：《组织与管理——系统方法与权变方法》，中国社会科学出版社 2000 年版。

[21] [美] 大卫·J. 科利斯、辛西娅·A. 蒙哥马利：《公司战略：企业的资源与范围》，东北财经大学出版社 2000 年版。

[22] [美] 汤姆森、斯迪克兰德：《战略管理：概念与案例》，北京大学出版社 2000 年版。

[23] [美] 斯蒂芬·P. 罗宾斯：《管理学》，中国人民大学出版社 1997 年版。

[24]［美］亨利·明茨伯格：《战略历程》，机械工业出版社2002年版。

[25]［美］彼得·吉：《第五项修炼：学习型组织的艺术与实务》，上海三联书店2001年版。

[26]［美］戴维·贝赞可：《公司战略经济学》，北京大学出版社1999年版。

[27]周海炜、张阳：《战略与谋略：管理文化视角的辨析》，《科学·经济·社会》2007年第3期。

[28]席酉民、姚小涛：《复杂多变环境下和谐管理理论与企业战略分析框架》，《管理科学》2003年第4期。

[29]席酉民、井辉、曾宪聚等：《和谐管理双规则机制的探索性分析与验证》，《管理学报》2006年第5期。

[30]王大刚、席酉民：《海尔国际化：战略与和谐主题》，《科技进步与对策》2006年第11期。

[31]李平：《中国管理本土研究：理念定义及范式设计》，《管理学报》2010年第5期。

[32]韩巍：《管理学在中国本土化学科建构几个关键问题的探讨》，《管理学报》2009年第6期。

[33]罗纪宁：《创建中国特色管理学的基本问题之管见》，《管理学报》2005年第1期。

[34]张书军：《中国管理研究之展望——中国管理理论与管理的中国理论》，《中大管理评论》2009年第3期。

[35]李垣、杨知评、王龙伟：《从中国管理实践的情境中发展理论：基于整合的观点》，《管理学报》2008年第4期。

[36]李新春：《企业家过程与国有企业的准企业家模型》，《经济研究》2000年第6期。

[37]贺小刚、李新春：《企业家能力与企业成长：基于中国的实证研究》，《经济研究》2005年第10期。

[38]王辉、忻蓉、徐淑英：《中国企业CEO的领导行为及对企业

经营业绩的影响》,《管理世界》2006年第4期。

[39] 贾良定、唐翌、李宗卉等:《愿景型领导:中国企业家的实证研究及其启示》,《管理世界》2004年第4期。

[40] 梁晓雅、陆雄文:《中国民营企业的商业模式创新:基于权变资源观的理论框架与案例分析》,《市场营销导刊》2009年第3期。

[41] 田志龙、高勇强、卫武:《中国企业政治策略与行为研究》,《管理世界》2003年第12期。

[42] 武亚军:《90年代企业战略管理理论的发展和研究趋势》,《南开管理评论》1999年第2期。

[43] 耿弘:《企业战略管理理论的演变及新发展》,《外国经济与管理》1999年第6期。

[44] 王毅、陈劲、许庆瑞:《企业核心能力:理论溯源与逻辑结构剖析》,《管理科学学报》2000年第3期。

[45] 王开明、万君康:《企业战略理论的新发展:资源基础理论》,《科技进步与对策》2001年第1期。

[46] 《小肥羊的收购》,证券市场周刊,http://wangyukun.blog.sohu.com/85847648.html 2008-05-02 08:07。

[47] 乔坤、马晓蕾:《论案例研究法与实证研究法的结合》,《管理案例研究与评论》2008年第1期。

[48] 汪锋、胡培:《内生交易费用:战略联盟价值创造的动力抑或阻力》,《商业经济与管理》2008年第12期。

[49] Samuel P. Huntington、Lawrence E.、Harrison:《文化的重要作用:价值观如何影响人类的进步》,新华出版社2002年版。

[50] 袁纯清:《共生理论——兼论小型经济》,经济科学出版社1998年版。

[51] 高材林:《共生经济决定合作行为》,《国际经济合作》1995年第7期。

[52] 卜华白、沈星元:《共生理论视角下的企业战略联盟问题研

究》，《商场现代化》2007年第8期。

[53] 马克斯·韦伯：《新教伦理与资本主义精神》，彭强、黄晓京译，陕西师范大学出版社2002年版。

[54] 陈郁：《企业制度与市场组织》，上海三联书店、上海人民出版社2006年版。

[55] 陈柳钦：《产业集群：一个基于交易费用的解释》，《内蒙古师范大学学报》（哲学社会科学版）2007年第3期。

[56] 王金红：《案例研究法及其相关学术规范》，《同济大学学报》（社会科学版）2007年第1期。

[57] 孙鳌、陈雪梅：《企业集群中的信任与交易费用》，《贵州社会科学》2007年第11期。

[58] 冷志明、张合平：《基于共生理论的区域经济合作机理》，《经济纵横》2007年第4期。

[59] 杨建新、王如松：《产业生态学的回顾与展望》，《应用生态学报》1998年第5期。

[60] 王晖：《基于文化创新的企业持续自主创新能力提升路径》，《中国科技信息》2010年第6期。

[61] 刘理晖：《创新资源投入对企业创新行为影响的研究与建议》，国研网，http://www.yxst.gov.cn/kjruancg/kjruancg/1242869770152000.html3。

[62] 《邓小平文选》（第3卷），人民出版社2008年版。

[63] 西北大学中国西部经济发展研究中心主编：《中国西部经济发展报告（2010）》，社会科学文献出版社2010年版。

[64] 费孝通：《费孝通民族文化研究文集》，中央民族出版社1988年版。

[65] 罗素：《中国问题》（*The Problem of China*），秦悦译，学林出版社1996年版。

[66] 扎格尔：《草原物质文化研究》，内蒙古教育出版社2007年版。

[67] 费尔南·布罗代尔：《文明史纲》，广西师范大学出版社 2003 年版。

[68] 克洛德·阿莱格尔：《城市生态乡村生态》，商务印书馆 2003 年版。

[69] 何帆：《发展的中国经济有利于世界繁荣》，《求是》2003 年第 6 期。

[70] 唐震、廖泉文：《企业家精神与战略管理》，《经济导刊》2007 年第 7 期。

[71] 贺小刚：《企业家能力评测：一个定性研究的方法与框架》，《中国社会科学院研究生院学报》2005 年第 6 期。

[72] Stephen：《领导的四个角色》，《商业报》2004 年第 4 期。

[73] [美] 库泽斯、巴里·波斯纳：《领导力》（修订第 3 版），李丽林等译，电子工业出版社 2004 年版。

[74] 费舍尔：《三维领导力模型的新构面》，杨维凤等译，《中外企业文化》2004 年第 6 期。

[75] 揭筱纹：《企业家战略领导能力与企业发展——基于两个农业龙头企业的案例研究》，《管理案例研究与评论》2009 年第 2 期。

[76] 张焕勇：《企业家能力与企业成长关系研究》，博士学位论文，复旦大学，2007 年。

[77] 曹林：《企业家能力束的三维结构与阶段性特征分析》，《特区经济》2005 年第 8 期。

[78] 苗青、王重鸣：《企业家能力：理论、结构与实践》，《重庆大学学报》（社会科学版）2002 年第 1 期。

[79] [英] 约翰·阿代尔：《如何培养领导者》，中国人民大学出版社 2007 年版。

[80] 纳哈雯蒂：《领导学》（第 4 版），王新译，机械工业出版社 2007 年版。

[81] 菲利普·多迪：《跨区域战略领导力》，周海琴译，经济管理

出版社 2008 年版。

[82] 奚洁人：《战略、战略领导和战略领导力》，《文汇报》2008 年 8 月 2 日。

[83] 葛遵峰：《论创业企业成长中的企业家战略领导能力》，《黑龙江对外经贸》2007 年第 10 期。

[84] 余来文、陈明：《企业家的战略能力研究》，《华东经济管理》2006 年第 4 期。

[85] ［英］道森编：《出使蒙古记》，吕浦译，周良霄注，中国社会科学出版社 1983 年版。

[86] 斯蒂芬·P.罗宾斯：《管理学》（第 7 版），中国人民大学出版社 2004 年版。

[87] 余大钧译注：《蒙古秘史》，河北人民大学出版社 2001 年版。

[88] 迈克尔·波特（Michael E. Porter）：《竞争战略》，华夏出版社 2005 年版。

[89] 卡罗尔·巴克霍尔茨：《企业与社会：伦理与利益相关者》，机械工业出版社 2004 年版。

[90] 张海：《在商论道》，九州出版社 2006 年版。

[91] 孙钥洋：《狼性征服》，重庆出版社 2010 年版。

[92] 大卫·凯琴、艾伦·伊斯纳：《战略——基于全球化和企业道德的思考》，中国人民大学出版社 2009 年版。

[93] 吴团英：《草原文化研究丛书》，内蒙古教育出版社 2007 年版。

[94] 沃伦·本尼斯：《成为领导者》，中国人民大学出版社 2008 年版。

[95] 邵雨：《领导重于管理》，当代中国出版社 2009 年版。

[96] 李永福：《中国晋商成功之道》，内蒙古人民出版社 2009 年版。

[97] 李泽尧：《领导力》，广东经济出版社 2008 年版。

[98] 周建波等：《先秦诸子与管理》，山东人民出版社 2008 年版。

[99] 钟敏:《领导力实验室》,清华大学出版社 2008 年版。

[100] 本杰明·M. 弗里德曼:《经济增长的道德意义》,李天有译,中国人民大学出版社 2008 年版。

[101] 约翰·加德纳:《论领导力》,中信出版社 2007 年版。

[102] 张金奎:《匈奴帝国》,中国国际广播出版社 2007 年版。

[103] 包斯钦、金海:《草原精神文化研究》,内蒙古教育出版社 2007 年版。

[104] 扎格尔:《草原物质文化研究》,内蒙古教育出版社 2007 年版。

[105] 徐盛华、陈子慧:《现代企业管理学》,清华大学出版社 2004 年版。

[106] 勒尔只斤·吉尔格勒:《游牧文明史论》,内蒙古人民出版社 2002 年版。

[107] 艾尔弗雷德·D. 钱德勒:《战略与结构——美国工商企业成长的若干篇章》,北京天则经济研究所、北京江南天慧经济研究有限公司选译,云南人民出版社 2002 年版。

[108] 欧军:《论北方传统文化的多元性(学林撷萃)》,远方出版社 2000 年版。

[109] 乌丙安:《新版中国民俗学》,辽宁大学出版社 1999 年版。

[110] 项英杰:《中亚:马背上的文化》,浙江人民出版社 1993 年版。

[111] [美] 阿瑟·R. 辛库提、托马斯·L. 斯坦汀:《塑造诚信型组织:一种有竞争力的企业文化模式》,人民邮电出版社 2003 年版。

[112] [日] 后藤十三雄:《蒙古游牧社会》(蒙古文),内蒙古人民出版社 1990 年版。

[113] [美] 彼得·F. 德鲁克(Peter F. Drucker):《社会的管理》,上海财经大学出版社 2003 年版。

[114] [美] 迈克尔·希特著:《战略管理:竞争与全球化》,吕巍

译，机械工业出版社 2002 年版。

[115] 李兴旺、屈燕妮：《新蒙商企业文化的特征及其形成》，《北方经济》2007 年第 12 期。

[116] 杨永恒：《动态环境下的企业成长战略研究》，《南开管理评论》2001 年第 4 期。

[117] 杜云月：《企业核心能力与研究综述》，《经济纵横》2002 年第 3 期。

[118] 高展军、李垣、雷宏振：《不同社会文化对企业技术创新方式选择的影响》，《科学学与科学技术管理》2005 年第 11 期。

[119] 水常青、许庆瑞：《企业创新文化理论研究述评》，《科学学与科学技术管理》2005 年第 3 期。

[120] 许正：《商人不是企业家》，《商界》2011 年第 1 期。

[121] 保罗·卡罗尔（Paul B. Carroll）、梅振家（ZhenJiaMei）：《大企业搞垮自己的七种战略》，商业评论网站转载，2008 年 11 月 7 日。

[122] 戴维·科利斯（David J. Collis）、辛西娅·蒙哥马利（Cynthia A. Montgomery）：《基于资源的竞争》，商业评论网站转载，2008 年 8 月 1 日。

[123] 满都夫：《论文化的本质内涵外延》，中华民族文化促进会 2004 年文化高峰论坛材料内部资料，2004 年。

[124] 毛道维：《商业信用：源于竞争关系还是合作关系》，《财经科学》2007 年第 10 期。

[125] 马丁·雅克：《利己社会的危机》，《参考消息》2004 年第 12 版。

[126] 那守海、张杰、马海燕：《内蒙古克什克腾旗草原文化旅游资源及其开发对策》，《国土与自然资源研究》2004 年第 1 期。

[127] 俞新昌：《中国企业需要什么样的企业领导者》，第三届彼得·德鲁克高层管理论坛，http://www.sina.com.cn 2008.11.17.

15：58。

[128] 马桂英：《略论草原文化的特征》，《天府新论》2006年第1期。

[129] 林干：《中国古代北方民族通论》，内蒙古人民出版社1998年版。

[130] 弗雷德·卢森斯、乔纳森·多：《国际企业管理：文化、战略与行为》，机械工业出版社2009年版。

[131] 陈晓萍：《跨文化管理》，清华大学出版社2009年版。

[132] 贺志宏：《鹰的影子》，远方出版社2006年版。

[133] 易强：《蒙古帝国》，上海人民出版社2010年版。

[134] 刘高、孙兆文、陶克涛：《草原文化与现代文明研究》，内蒙古教育出版社2007年版。

[135] 缪家福：《全球化与民族文化多样性》，人民出版社2005年版。

[136] 约翰·汤姆森：《全球化与文化》（中文版），南京大学出版社2002年版。

[137] 亨廷顿：《文明的冲突与世界秩序的重建》（中文版），新华出版社1998年版。

[138] 杜维明：《东亚价值与多元现代性》，中国社会科学出版社2001年版。

后　记

　　人近半百，再去学习、创业创新加创作，除了偏执狂，一般人都不会这样做。

　　这几年，日子潇洒，生活自由，工作丰富，虽有波澜起伏、所谓的人生不易，但也是有惊无险。每每想起，竟多了一层美好。

　　大学毕业时，以痞子文学为题，写王朔的小说风格作为毕业论文，其实是大为赞赏的。但后来王朔却说："港台作家的东西都是不入流的……"（1999年11月1日中国青年报《我看金庸》），就像金庸笔下的崆峒、点苍这样的四流门派，却在鄙视着明教的颠三倒四！

　　这几周，我们惜别金庸先生！先生远去，但他用武侠小说这种"超级不严肃"的东西，描绘着快意恩仇的人物、装饰了充满道义、忠诚、爱情的江湖梦，大写了家国大义，民族情怀。让我们这一代，在成长的记忆里，在内心深处，对我们这个久经沧桑、饱受磨难的民族之爱，上升到更高境界。

　　草原文化何尝不是这样？生于斯、长于斯的草原历史各民族，在与中原民族的不断融合中，形成中华民族的共同基因，并融入我们的文化血脉一起流淌。

　　这几天，秋意绵绵，虽已入冬，高大的银杏树，孤自伫立，黄叶满地，绮丽也凄凉。喜鹊反而很多，秋储有数，心境也好，吃得微胖且可爱，车前、眼前晃来晃去。

　　如何走好自己的江湖路？每每夜阑人静，或宿醉酒醒，思绪一触及旧日自己，感伤与怀念之情顿生。十年又一梦，2008年，汶川地震后，求学于四川大学。当时的想法，此时并未消退，但研究成果始终难于落地，有无处下笔的感觉。人不懒手不懒，但思想的懒惰，让我心烦意乱，固步自封，无所事事。

这五年，商务印书馆编审王丽艳同学、商务印书馆太原分馆主编李智初先生，不间断地鼓励；中国社会科学出版社武云、侯苗苗老师反复督促，还有北京的学生郄晓烨，主动请愿帮忙，让我能够卸下包袱，继续研究草原企业家的战略领导力。正如我的硕士生导师王凤雷教授所讲：研究是有阶段性的，研究是允许有不足的，研究是可以在今后完善的。五年中，他们真是有心，他们感动到我。

这期间，同时参加博士论文答辩的同门师弟因病早逝，李咏魂归他乡，金庸、曾仕强这些大师，也大闹一场，悄然离去。而被誉为"中国核司令"的程元甲老院士也走了，回望百年人生，他说："我这辈子最大的幸福，就是自己所做的一切，都和祖国紧紧地联系在一起。"

其实，江湖未远去，每个人的心里都有一个江湖。微信的朋友圈里，继续热闹非凡。读书成为听书，学习转到线上，阅读进入碎片化时代，一本好书不再让人爱不释手，激动不已；一篇好文，最多孤芳自赏，很难出户远足。曾让人反复咀嚼的励志曲，终难抵过一条抖音。芳华已逝，与汪国真、席慕容、舒婷同在的筑梦年代，亦为历史。不变的只有变化。

这一生，终究要有一个施展才华的平台，一个安置心灵的归属，一个寄托精神的依靠。所以，出版了不太成熟的学术成果，于我目前的工作而言，是充实的有益的正能量，是一种让我无法后退、只能向前的内驱动力。

"我想你在，在我们在的所有地方在，在栏杆和明月同在的时候在。"

到了知天命的时候，也就行了。